U0057492

昆德拉

Milan Kundera

李思屈 / 著

編輯委員（按姓氏筆劃）

李英明／台北・政治大學

孟　樊／宜蘭・佛光大學

陳學明／上海・復旦大學

曹順慶／成都・四川大學

楊大春／杭州・浙江大學

龍協濤／北京・北京大學

出版緣起

　　二十世紀尤其是戰後，是西方思想界豐富多變的時期，標誌人類文明的進化發展，其對於我們應該具有相當程度的啓蒙作用；抓仕當代西方思想的演變脈絡以及核心內容，應該是昂揚我們當代意識的重要工作。孟樊教授和浙江大學楊大春教授基於這樣的一種體認，決定企劃一套「當代大師系列」。

　　從一九八○年代以來，台灣知識界相當努力地引薦「近代」和「現代」的思想家，對於知識分子和一般民眾起了相當程度的啓蒙作用。

　　這套「當代大師系列」的企劃以及落實
出版，承繼了先前知識界的努力基礎，希望
能藉這一系列的入門性介紹書，再掀起知識
啓蒙的熱潮。

　　孟樊與楊大春兩位教授在一股知識熱忱
的驅動下，花了不少時間，謹愼地挑選當代
思想家，排列了出版的先後順序，並且很快
獲得生智文化事業公司葉忠賢先生的支持，
因而能夠順利出版此系列叢書。

　　本系列叢書的作者網羅有兩岸學者專家
以及海內外華人，爲華人學界的合作樹立了
典範。

　　此一系列書的企劃編輯原則如下

1.每書字數大約在七、八萬字左右，對
　每位思想家的思想進行有系統、分章
　節的評介。字數的限定主要是因爲這
　套書是介紹性質的書，而且爲了讓讀
　者能方便攜帶閱讀，提升我們社會的
　閱讀氣氛水準。

2.這套書名為「當代大師系列」，其中所
謂「大師」是指開創一代學派或具有
承先啓後歷史意涵的思想家，以及思
想理論與創作具有相當獨特性且自成
一格者。對這些思想家的理論思想介
紹，除了要符合其內在邏輯機制之
外，更要透過我們的文字語言，化解
語言和思考模式的隔閡，為我們的意
識結構注入新的因素。

3.這套書之所以限定在「當代」重要的
思想家，主要是從一九八〇年代以
來，台灣知識界已對近現代的思想
家，如韋伯、尼采和馬克思等都先後
有專書討論。而在限定「當代」範疇
的同時，我們基本上是先挑台灣未做
過的或做得不是很完整的思想家，作
為我們優先撰稿出版的對象。

另外，本系列叢書的企劃編輯群，除了
包括上述的孟樊教授、楊大春教授外，尚包

括筆者本人、陳學明教授和龍協濤教授以及
曹順慶教授等六位先生。其中孟樊教授爲台
灣大學法學博士，向來對文化學術有相當熱
忱的關懷，並且具有非常豐富的文化出版經
驗以及學術功力，著有《台灣文學輕批評》
（揚智文化公司出版）、《當代台灣新詩理論》
（揚智文化公司出版）、《大法官會議研究》
等著作，現任教於佛光大學文學所；楊大春
教授是浙江杭州大學哲學博士，目前任教於
浙江大學哲學系，專長西方當代哲學，著有
《解構理論》（揚智文化公司出版）、《德希達》
（生智文化公司出版）、《後結構主義》（揚智
文化公司出版）等書；筆者本人目前任教於
政治大學東亞所，著有《馬克思社會衝突
論》、《晚期馬克思主義》（揚智文化公司出
版）、《中國大陸學》（揚智文化公司出版）、
《中共研究方法論》（揚智文化公司出版）等
書；陳學明是復旦大學哲學系教授、中國國
外馬克思主義研究會副會長，著有《現代資
本主義的命運》、《哈伯瑪斯「晚期資本主義

論」述評》、《性革命》（揚智文化公司出版）、《新左派》（揚智文化公司出版）等書；龍協濤教授現任北京大學學報編審及主任，並任北大中文系教授，專長比較文學及接受美學理論，著有《讀者反應理論》（揚智文化公司出版）等書；曹順慶教授現為四川大學文學與新聞學院院長，專長為比較文學及中西文論，曾為美國哈佛大學訪問學人、南華大學及佛光大學文學所客座教授，著有《中西比較詩學》等書。

　　這套書的問世最重要的還是因為獲得生智文化事業公司總經理葉忠賢先生的支持，我們非常感謝他對思想啟蒙工作所作出的貢獻。還望社會各界惠予批評指正。

李英明
序於台北

序

　　米蘭・昆德拉（Milan Kundera），一個
具有世界級影響的捷克（Czech）作家，他
的祖國在沒有分裂為捷克和斯洛伐克
（Slovak）以前，也不到8萬平方公里，人口
只有1千萬出頭，在普通的世界地圖上，只有
那麼一小塊。如果不熟悉歐洲地形，要把它
找出來都得費一點工夫，然而他的小說之影
響力卻遍及全球。昆德拉的書出版後，很快
就被翻譯成20多種文字，在歐洲、美洲、亞
洲等廣大的地區找到了擁護他的熱情讀者。

　　昆德拉在年輕力壯的時候，不能見容於
他的祖國。他被迫背井離鄉，遠離故土，遠

離朋友和親人，定居於舉目無親的法國。然而，他對於人類存在的深切關注，他獨特而雋永的詩意的沈思，卻從20世紀60年代開始，在文學藝術界掀起了一個「昆德拉熱」。昆德拉在方寸斗室中運用「小說的智慧」對生命與存在的個體思考，讓全世界人文學者和千百萬關愛生命、真誠生活的人激動、浩歎、深思。

我們處在一個文化速食時代。在大眾傳媒的炒作下，各種不同的「熱」此起彼伏，各領風騷三、五天。大浪陶沙之後，真正有價值的文化積澱似乎並不如我們想像的那麼令人鼓舞。而昆德拉，一個遠在歐洲的法籍捷克人，在近半個世紀前的思考，卻至今保持著那份尖銳，那份敏感，那份讓人坐立不安的深沈。

我曾經不斷地問自己，問別人：

我們到底喜歡昆德拉什麼？

昆德拉用什麼吸引了這麼多不同膚色、不同語言的人們？

　　而當「當代大師系列」的指名約寫《米
蘭·昆德拉》的約稿信擺在我面前的時候，
這些問題就驟然變得迫切起來。

　　昆德拉本人有一個著名的觀點，就是
「文化已經鞠躬告退」。他不僅把「暢銷」與
「文化」作了嚴格的區分，而且斷言我們這個
時代真正藝術家的聲音「越來越難以聽到
了」。他指出：在我們這個時代，真正的藝術
在生活中起的作用已經少了。「文學的分
量，文化的分量已經不大。」在一次接受採
訪中，當採訪人指出昆德拉的作品非常受歡
迎時，昆德拉回答說：

　　　一本書銷路好並不十分重要。數以百計
　　寫得非常糟糕的書其銷路比我的小說要
　　好上幾百倍、而這些暢銷書的作用只是
　　時事而已。也就是說，它們消費得快
　　（數量甚大），被遺忘得也很快，隨即讓
　　位給另一件事。因此問題在於：我們的
　　小說是作為藝術品（注定是持久的，支

援著文化的繼續發展）還是作為時事
（意味著很快被遺忘）為人們所閱讀？在
我們這個現代世界、這大眾媒介的世界
裡，一件藝術品能作為藝術品存在嗎
？有一次，我突然聽到了我喜愛的勃拉
姆斯一部交響樂中的幾小節樂曲。我扭
頭一看，原來電視上正用這幾節樂曲為
一種香水做廣告。於是有人會振振有辭
地說：瞧，古典音樂在今天多麼有活
力，多麼運氣！多謝現代廣告，連最普
通的老百姓也能享受勃拉姆斯的音樂
了！但是，用作廣告的勃拉姆斯的片斷
樂曲有沒有表現出這位作曲家的不朽生
命或他的死亡呢？可見一切都在於問題
的答案：用什麼來證明我們的成就？答
案絕不簡單。我們閱讀是否也像人們聽
三小節用作電視廣告伴奏的勃拉姆斯的
音樂一樣呢？在一個徹底被大眾媒介的
愚蠢所侵擾的世界，人們尋找一種抗衡
力，尋找一種保護，以免文化的重要地

位日漸削弱。頗為荒謬的是，大眾媒介的毒害卻有可能使藝術和文學更具吸引力。我不知道。[1]

在大眾媒介的世界裡，一件藝術品能作為藝術品存在嗎？昆德拉問得好！他以他特有的尖銳又一次打動了我們。是的，答案並不簡單。昆德拉說他「不知道」，我們也不知道，而且非常想知道。在我們這個「傳媒文化」時代，無孔不入的大眾傳媒按照它自己的「大數原則」和「平均化」傾向，消磨著精神文化產品的個性和深度，在思想的深度與現代的流行之間製造了一個巨大的鴻溝。而昆德拉卻以其罕見的個性和深度，跨過了這個鴻溝，穿過傳媒的強大網路向我們走來。

這不能不說是一個奇蹟。本書所要探索的，正是這樣一個奇蹟。

讓我們把這次探索作為一次共同的思想冒險和心心相印的對話！和你同行的，不是

一個擅長於考據、學富五車的昆德拉專家，
而是一個和你一樣正受著大眾傳媒文化衝擊
的、用漢語閱讀、思考和寫作的中國人。

　　因此，我要對提供此本書出版機會的生
智文化公司的編輯、策劃者們表示衷心的感
謝，尤其對我的導師曹順慶教授表示衷心的
感謝，並對他們在「當代大師系列」書系選
題中所表現出的睿智和文化眼光致以由衷的
敬意！

　　　　　　　　　　　　　李思屈
　　　　　　　　　　　　　於四川大學

註釋

1.喬丹・埃爾格雷勃里《米蘭・昆德拉談話
　錄》，楊樂雲譯，《對話的靈光對話的靈光》
　第479頁。

目　錄

第一章
精神世界的漂泊者

　　透過1912年4月1日，昆德拉出生於捷克
斯洛伐克（Czechoslovakia）摩拉維亞
（Moravian）地區的布林諾市（Brno）。那是
一個充滿了藝術浪漫氣息的一個中等歐洲城
市。父親路德維克‧昆德拉（Ludvik
Kundera）是一位頗具才華的鋼琴家、音樂教
授，並擔任了布林諾國立音樂學院院長。在
這樣的家庭背景下，小昆德拉的音樂天分和
藝術潛能得到了很好的培養。4歲的時候，他
開始跟父親學習鋼琴，10歲便在較有名氣的
保羅‧哈斯（Paul Haas）和瓦可拉夫‧卡普
拉（Vaclav Kapral）指導下學習音樂創作和
音樂史理論，同時開始了他一生中最早的詩
歌創作。可以設想，如果不是由於那個動盪
的年代，如果昆德拉按照長輩們為他安排好
的人生道路順其自然地走下去，他完全可能
成為一個出色的音樂家，不需要太多的周折
就成為音樂界的成功人士。

　　但是，當他19歲高中畢業時，他並沒有
進入音樂學院，而是選擇了查理（Charles）

大學哲學系，走上了一條人們——一般人視
爲畏途的沈思的道路。

　　從抒情到沈思，從音樂的王國走向哲學
的王國，這是昆德拉一生中的第一次漂泊。
儘管音樂與哲學距離並不遙遠，然而卻成爲
昆德拉終生漂泊的一個預兆，生命探險的一
個開端。

一、　爲什麼流浪？

　　昆德拉具有很高的音樂天賦，就其天生
的氣質和內在的激情而言，他對音樂也可以
說是情有獨鍾的。事實上，當他於1952年在
布拉格藝術學院擔任講師時，他還以極大的
熱情學習了音樂的十二音律理論，創作了一
組關於太陽神的組詩和四重奏的樂曲。那一
年，他23歲。他的音樂創作活動一直持續到
1955年。評論家們認爲，昆德拉的音樂已經

可以看出他很出色的藝術才情。

關於昆德拉的音樂天賦和他對音樂獨到的感悟和理解，還可以從他的小說如樂曲一般的結構和關於音樂的深刻描寫中明顯地看出來。在他的代表作《生命中不能承受之輕中》（*The unbearable lightness of being*）這部小說中，音樂不僅是其重要的結構性因素，更是推動小說發展的一個基本力量。在這部小說的第一章〈輕與重〉中，有這樣一個情節：流亡瑞士的托馬斯在經過痛苦的思想矛盾之後，決定放棄在國外的優越生活條件，去追隨他的生命之「重」，即追隨特麗莎，回到正被俄國占領的布拉格。小說描寫道：

> ……終於，在特麗莎離別後的第五天，托馬斯告訴院長，（俄國入侵後曾打電話給他的那位），他得馬上回去。他有點不好意思，知道他的走對院長來說太唐突，也沒有理由。他想吐露自己的心思，告訴他特麗莎的事以及她留給他的

信，可最終沒說出口。在這位瑞士大夫
的眼裡，特麗莎的走只是發瘋或是者邪
惡。而托馬斯不允許任何人有任何機會
視她為病人。

事實上，院長生氣了。

托馬斯聳聳肩說：

"Es muss sein, Es muss, sein."

這是引用了貝多芬最後一首四重奏中最
後一樂章的主題：

Es muss ein？

Es muss, sein，Es muss ein！

非如此不可？

非如此不可！非如此不可！

為了使這些句子清楚無誤，貝多芬用一
個片語介紹了這一樂章，那就是："Der
schwer gefasste entschluss"，一般譯為「難下
的決心」。

對貝多芬這一主題的引用，的確是托馬

斯轉向特麗莎的第一步，因為曾經是她讓他
去買貝多芬的那些四重奏、奏鳴曲的磁帶。

　　如他所料，引用貝多芬的這一主題對那
位瑞士大夫相當合適。對方是個音樂迷，他
平靜地笑著用貝多芬的曲調問道：“Muss es
sein？”托馬斯再一次說：“Js es muss
sein!”

　　與巴門尼德不一樣，貝多芬顯然視沈重
為一種積極的東西。既然德語中schwer的意
思既是「困難」，又是「沈重」，貝多芬「難
下的決心」也可以解釋為「沈重的」或「有
分量的決心」。這種有分量的決心與他的「命
運」交響樂的主題是一致的（「非如此不
可！」）；必然——沈重——價值，這三個概
念在一起。只有必然，才能沈重；所以沈
重，便有價值。

　　這是貝多芬的音樂所孕育出來的一種信
念。儘管我們不能忽略這種可能（甚至是很
可能），探索這種信念應歸功於為貝多芬作品
的注釋者們，而不是貝多芬本人。我們也或

多或少地贊同：我們相信正是人能像阿特拉斯頂天一樣地承受著命運，才會有人的偉大。貝多芬的英雄，就是能頂起形而上重負的人。

　　托馬斯臨近瑞士邊境。我想像這是一個神情憂鬱、頭髮蓬亂的貝多芬，在親自指揮鄉間消防人員管樂隊，演奏一支「非如此不可」的移民告別進行曲……。

　　貝多芬的音樂代表了生命之重，它激勵著托馬斯勇敢地承擔起命運、價值及其沈重，像激勵托馬斯如同希臘神話中的頂天巨神阿特拉斯一樣承受命運，像貝多芬一樣頂起形而上的重負，從而成就偉大的人生。可是，當托馬斯在英雄的貝多芬「非如此不可」的移民告別進行曲中激動地回到祖國，回到愛人特麗莎身邊的時候，一切又都變得那麼「輕」，那麼無可、無不可。俄國的坦克一隊一隊地在路上行駛，「穿著裝甲兵黑色制服」的「可怕的士兵」理直氣壯地指揮著車輛，他不得不停車等上半小時，讓俄國坦克通

過。當他真正見到特麗莎的時候，他在車上還想著投進特麗莎懷中的慾望卻頓時煙消雲散。「他覺得自己與她像是在冰雪覆蓋的草原上面對面站著，兩個人都冷得直哆嗦。」托馬斯強烈地感到，自己的愛情並不像貝多芬音樂中的那樣「非如此不可」，而是「別樣也行」。

在這段描寫裡，音樂成了托馬斯整個生命存在最內在的組成部分，一種推動生命、表徵在「輕」與「重」之間擺動著生命最有力的因素。昆德拉在他對托馬斯與特麗莎生命狀態的探索中，似乎是信手拈來地引進了貝多芬的音樂要素，反映出他對人生、對音樂的深刻理解。字裡行間跳動著音樂般的節奏，也強烈地表明著作者敏銳的音樂感受力及其相應的天才。

而且，這種對音樂的巧妙運用，對音樂出色的理解，幾乎在昆德拉的每部小說中都可以看到。如《玩笑》中關於捷克民間音樂的大段描寫，關於現代音樂美學思想的大段

辯論，都可以看出作者的音樂才華和卓越見
識。

　　因此，昆德拉告別音樂，是別有原因
的。而這一原因不僅是一般意義的職業選擇
理由，它也是昆德拉一生漂泊的理由。

二、告別抒情

　　如果說，在昆德拉的理解中，貝多芬的
音樂是與「責任」、與生命之「重」聯繫在一
起的話，那麼在他的記憶中，音樂則是與社
會歷史的「激情」相聯繫的。在小說《玩笑》
裡，昆德拉對音樂有一段描寫，折射出了他
記憶中音樂的生活樣態和社會形象：

　　……社會主義制度即將把人從孤獨的鎖
　　鍊下解放出來。人們要生活在一種新的
　　集體裡。由一種共同的利益團結在一

起。每個人的個人生活和公共生活會一
致起來。兩者也會被一大堆的慶祝儀式
統一到一起。有些禮儀是推陳出新而
來：收穫的節日，小型舞會，各行各業
的傳統等。也有新創造的節日：慶祝五
一，群眾集會，解放節，開會。人民的
藝術將要處處有它的地位。它要全面發
展，變化，革新。……從來不曾有誰比
共產黨政府為人民的藝術做過更大的貢
獻。政府花費了鉅款用以建立新的歌舞
團。民間音樂，提琴，揚琴，天天都在
電臺的節目單上。摩拉維亞歌曲湧進了
各大學，湧進了每年五一節、青年人狂
歡和文娛演出中。爵士樂不僅從我們祖
國的地面上完全消失了，而且它成為西
方資本主義制度及其沒落情趣的典型。
青年們不跳探戈，也不跳博基沃基美國
舞，而是喜歡團體舞，跳的時候把手放
在旁邊人的肩膀上。黨不遺餘力地來創
造一種新生活。基本思想就是史達林給

藝術所下的著名定義：民族形式加社會
主義內容。……我們的組織工作便開始
乘著這一政治的大風大浪奮勇向前，很
快就遍及全國。歌手和舞蹈人員激增，
並轉而成為一個強大的整體力量，出現
在數以百計的舞臺上，每年赴國外巡迴
演出。我們不僅大唱——按過去的唱法
——那個殺死了自己心愛姑娘的綠林好
漢之歌，也唱我們自己創作的歌曲，例
如史達林頌，取消土地邊界讚歌，合作
社豐收讚歌。我們的歌曲不再是對過去
時代的緬懷，而是當代歷史的一個組成
部分，並與當代歷史同步前進。……[1]

　　這是一個充滿了創造歷史新紀元的激情
而又自大的時代，這是一個世界人民大團結
的公共狂歡時代。在這個時代中，音樂以它
的抒情性成為群眾激情的最有效表達，音樂
在融入歷史、創造歷史的同時，也把它自己
的激情特徵發揮到了頂點。顯然，昆德拉對

　　此是有獨到而深刻的理解的，而且在某種意義上而言，正是因爲他有這種理解，昆德拉才告別了音樂藝術。這就是說，昆德拉告別音樂只是一種表面現象，其更深的實質意義是告別了音樂藝術的抒情性。

　　也許是習慣和激情的個性使然，在離開音樂，走向文學之初，他選擇了仍有明顯抒情性質的詩歌，並且很快證明了他在這方面的才華。從20歲發表第一首詩歌開始，昆德拉在不到七年的時間內，連續出版了三部詩集。我們雖然至今無緣讀到這些詩歌，但從他的詩歌標題來看，他的詩應該是激情澎湃的，如他的第一部詩集叫做：《人，一座廣闊的大花園》（*Man: Abroad Garden*），第二部詩集叫《最後的五月》（*The Last May*）。

　　推測起來，昆德拉的詩歌應該是曾經很受歡迎的。因爲他的詩集被一次又一次地再版。其中第三部詩集《獨白》（*Monologues*）從1957年初版，1964年再版，並分別於1965年、1967年和1969年再版，在短短的六年時

間裡被再版四次，這對於一部詩集來說，無
論如何是非常幸運的。

可是，從1958年開始，昆德拉又斷然放
棄了詩歌，轉向了小說創作。他的這一創作
方向從此再沒有發生過改變。而且，在他成
名後大量論文和接受媒體的採訪中，他再也
沒有提到他早年曾經算得上成功的詩歌創
作。恰恰相反，我們在他的作品看到的詩歌
和詩人，往往是一種古怪的抒情形象，在他
調侃的筆下，詩歌常常是以病態的樣子出現
的。如在小說《笑忘書》（*The Book of
Laughter*）中，昆德拉毫不留情地對法國著
名詩人艾呂雅進行了嘲諷，把他無動於衷地
看著自己的老朋友、捷克超現實主義詩人卡
蘭德拉被捷克政府以顛覆國家罪處以絞刑的
事實真名實姓地寫進了小說：

「佈雷東[2]不相信卡蘭德拉背叛了他的人
民，辜負了人民的期望，於是就（在一封
1950年6月13日寫於巴黎的一封公開信中）
呼籲艾呂雅起來抗議這種荒唐指控，試圖營

救他們的布拉格老朋友。但當時艾呂雅太忙
了，正不亦樂乎地在環繞巴黎、莫斯科、華
沙、布拉格、索菲亞和雅典的大圓圈中舞
蹈，在世界上所有的社會主義國家和共產黨
組成的大圓圈中舞蹈，還爲朗誦他那歌唱歡
樂與兄弟情誼的美麗詩篇忙得不可開交。讀
了佈雷東的信之後，艾呂雅的舞姿是這樣
的，他搖搖頭，拒絕站出來爲一個背叛了人
民的人申辯（見1950年《行動》雜誌6月19
日文章），然後以金屬一般的聲音背誦道：

　　那力量啊我們

　　缺乏太久盼望太久

　　把他鑄進我們的清白

　　我們從此不再孤獨。[3]

　　面對這種死亡面前的歌唱和狂歡，《笑
忘書》中的「我」強烈地意識到，「走遍了
布拉格的大街小巷，從這些笑著跳著的捷克
人的舞圈旁經過的時刻，我知道我不屬於他
們，我屬於被絞死的卡蘭德拉之列」。

　　由此可見，昆德拉有意識地遠離的，並不是一種或兩種藝術樣式，而是激情本身。正是出於對情感神聖價值的根本懷疑，才使昆德拉告別了曾經熱愛的音樂。直到1979年以後，昆德拉還在為艾呂雅不顧一切地「為歡樂歌唱，反對消沈，為天眞歌唱，反對玩世」的理想激情而惋惜，認為他拋棄了超現實主義。[4]

　　告別感情，這對一個藝術氣質的人來說，是一種更為深刻、也更為艱辛的精神流浪。

　　感情，歷來被視為音樂、文學和其他一切藝術的基本要素，因此音樂被人稱作「青春的事業」，詩人被人稱為有一顆「多情善感的心」。就連老於世故的黑格爾老人也把「情感」視為「音樂的最主要因素」，是「音樂所要據為己有的領域。」「靈魂中一切深淺程度不同的歡樂，喜悅，諧趣，輕浮任性和興高采烈，一切深淺程度不同的焦躁，煩惱，憂愁，誤傷，痛苦和悵惘等等，乃至敬畏和愛

之類情緒都屬於音樂表現所特有的領域。」[5]

　　中國古代偉大的美學思想家劉勰說詩人
具有「登山則情滿於山，觀海則意溢於海」
的特點，人們承認，劉勰揭示出了藝術創造
的一個基本規律。至於西方浪漫主義美學，
則更把人的情感奉爲最高的價值。幾乎所有
熱愛藝術、熱愛生命的人都會極其看重歌頌
人的情感，所有從事藝術創作或人生研究的
都會歌頌人的情感。

　　因此，說一個藝術家告別抒情，就像說
一位科學家告別理性，說一個宗教家告別神
一樣，令人不可思議。

　　然而這種看似不可思議的事，就在昆德
拉身上發生了。對此，昆德拉自己有一段反
省。昆德拉說：

　　1968年當俄國人占領了我那弱小的國家
　　時，我的全部書籍都遭到了禁止，我一
　　下子失去了所有合法謀生手段。許多人
　　設法幫助我。一天，來了位導演，他建

議以他的名義將杜斯托也夫斯基的《白
癡》改編成劇本。

於是我重讀了一遍《白癡》，意識到即
使餓死，我也不會做這件事的。杜斯托也夫
斯基的世界充斥著誇張的姿勢、陰沈的深奧
以及過度的傷感，實在令我反感。突然間，
我的心中湧動起一陣難以言說的對《宿命論
者雅克》的深切懷念⋯⋯

爲何忽然對杜斯托也夫斯基產生了反
感？

這是一個因自己祖國被侵占而受到心靈
創傷的捷克人反俄情緒的反映嗎？不，因爲
我對契訶夫的喜愛從未停止過。這是對杜氏
作品的審美價值所表示的懷疑嗎？不，因爲
我的厭惡突如其來，並無任何客觀緣由。

使我對杜斯托也夫斯基感到惱火的是他
小說的那種「氣候」：「一個一切都變成情
感的世界；換言之，在這個世界裡，情感被
提到了價值和眞理的高度。」[6]

　　昆德拉忽然對杜斯托也夫斯基產生了反感，正是因爲在杜斯托也夫斯基的作品中「情感被提到了價值和眞理的高度」，因爲杜斯托也夫斯基的藝術世界是一個「一切都變成情感的世界」。

　　爲什麼昆德拉要反感「一切都變成情感的世界」呢？我們如何來理解他這種「反情感」反應？這裡既有昆德拉個人的生活經歷的影響，更源於他對人類精神的嚴肅思考。

　　對這種「反情感」傾向的理解，不僅有助於我們眞正理解他爲何選擇了小說而不是音樂作爲他自己的終身職業，更有助於理解的反諷、調侃和對「媚俗」的批判。

　　根據昆德拉的回憶，在俄國占領布拉格後的第三天，昆德拉驅車從布拉格駛往布叠約維策市。沿途，田野上，森林裡，到處都是俄國步兵的營地。在一個哨卡，俄國兵攔住了昆德拉的車。三個士兵開始搜車。搜查剛完，命令搜查的軍官便用俄語問昆德拉：

"Kak chuvstvuetes？"——意思是説
「我感覺如何？你有何感想？」

昆德拉認爲，這個軍官並不存心用此問
題來表示惡意或嘲弄。相反，因爲這個軍官
接著就誠懇地解釋說，「這完全是場大誤
會。……但事情終將會大白於天下的。你應
該明白我們愛捷克人。我們愛你們！」

一般人認爲，感情是神聖的，「愛」則
更是至高無尚的。然而我們恰恰容易記憶，
千百年來人類的許多血淚和苦難，正是在神
聖的「愛」的名義下進行的。《紅樓夢》中
的賈母、賈政等都是眞誠地愛寶玉的，甚至
也是眞誠地愛黛玉的，正是由於這種強烈而
眞誠的愛，給寶玉、黛玉帶來了災難；正是
那些封建家長們堅信他們對晚輩的愛的神聖
性，他們才不擇手段地破壞了寶、黛之間的
幸福而無愧於心。在人類漫長的苦難史中，
這種由「愛」而成災的事可不絕於書。

當時，昆德拉所遇到的，就是這樣一種

令人哭笑不得的「愛」。那時他的祖國正遭受成千上萬輛俄國坦克的蹂躪，國家的前途將受到上百年的危害。捷克政府的領導人不是被逮捕，就是遭劫持，而一位占領軍的軍官卻在向他發出愛的宣言。昆德拉並不想從俄國人的「愛」的真假上去進行爭辯，他注意的是這種一廂情願的「愛」本身。也許那個俄國軍官的心理正與一些深愛兒女的家長們類似吧，昆德拉不無諷刺地說：「這些捷克人（我們如此愛他們！）為什麼要拒絕以我們的方式與我們共同生活呢？我們不得不用坦克教他們明白什麼叫愛，多麼遺憾！」[7]

昆德拉發人深省地指出：

人不能沒有感情，然而一旦感情本身被當作價值，被當作真理的標準，被當作各種行為的正當理由時，它們就變得令人可怕。最崇高的民族情感隨時都會為最恐怖的行徑辯護，而胸中澎湃著奔放激情的人同樣會以神聖的愛的名義犯下

種種暴行。

每當情感取代了理智的思考時，它們便成為缺乏理解難以寬容的基礎；便成為卡爾‧榮格所說的「暴行的上層建築」。[8]

我們應該珍視純潔的感情，然而又必須始終保持一種警惕，防止將情感提到價值的高度。在昆德拉看來，在歐洲歷史上，既有把情感價值化的傳統，也有懷疑一切價值的理性主義和懷疑主義傳統。昆德拉本人對前一種傳統表示了警惕，對後一種傳統表示了認同。

昆德拉認為，把情感價值化的傳統可以追溯到基督教脫離猶太教的時代。基督教的聖奧古斯丁有句名言，就是「愛上帝吧，然後去做你願做的事。」基督教哲學認為，正是因為上帝是不理解的，所以才必須付諸信仰。理性所不能擔當的東西，就留給信仰，這本是基督教哲學的一個基本原則，但昆德拉要提醒人們注意的是，奧古斯丁所說的這

句著名的話，及其所代表的宗教哲學思想，實際上是「將真理的標準從外部轉移到內部，轉移到隨心所欲的主觀領域。一種模模糊糊的愛情感（「愛上帝！」──基督教的絕對命令）取代了一清二楚的法律（猶太教的絕對命令），從而成為相當含混的道德準則。」

　　昆德拉說：「基督教會的歷史是一所年代久遠的情感學校：十字架上的耶穌教導我們珍惜苦難；騎士詩發現了愛情；資產階級家庭使我們懷戀家庭生活；政治蠱惑得以將權力的意志『感傷化』。正是這段漫長的歷史培育出了我們感情的豐富性、強度和美感。」9

　　西方的理性主義和懷疑主義傳統起源於著名的「文藝復興」運動。昆德拉甚至認為，正是從「文藝復興」運動開始，西方的價值化情感原則才得到了一種補充精神的抗衡，這就是：理智和懷疑主義精神，戲謔和人類事務相對性的精神。而且也正是從那時起，西方才真正進入了繁榮昌盛的發展時

期。

　　昆德拉的這一評價與當代許多非理性主義的觀點恰好相反。當代的一些非理性主義觀點認為，正是西方「文藝復興」的理性主義，才導致了現代社會的各種災難。《古拉格群島》的作者索忍尼辛有一篇在哈佛大學的著名講演，其中就明確地把文藝復興定位為西方危機的起點。昆德拉針鋒相對地說，索忍尼辛所講的以「文藝復興」為起點危機，恰恰不在西方文化，而在他自己身處的俄國文化。「因為俄國歷史之所以不同於西方歷史，恰恰在於它缺少文藝復興以及文藝復興所『生髮』的精神。這就是俄羅斯思維在理性和情感間保持一種不同平衡的原因；在這種不同的平衡（或不平衡）中我們發現了俄羅斯靈魂（它的深刻連同它的殘忍）著名的奧妙。」[10]

　　正是由於對「情感價值化」的警惕，對未經「文藝復興」以來的理性主義與懷疑主義思維洗禮的東方式思維的警惕，昆德拉才

不得不與天然情緒化的音樂告別，與「情感世界」的藝術傳統告別，與他曾經敬佩的杜斯托也夫斯基告別。在這一系列的告別中，最後告別祖國，流浪歐洲已然成為一定邏輯的定勢。

三、告別祖國

　　1975年，昆德拉46歲，正當壯年，然而作為一個精神上的漂泊者，他卻已經是行邁靡靡，步履蹣跚了。

　　就在這一年，昆德拉與妻子一起離開了有著太多恩恩怨怨的情感糾葛的布拉格，告別祖國，移居法國。從此，他們再也沒有回到過捷克。從此以後，昆德拉的創作中儘管一再以捷克為背景，儘管一再提到布拉格，然而那都不過是小說虛構故事的一個背景，布拉格也最終成為一個符號。

　　關於這次出走，昆德拉在很多年以後尙
記憶猶新。他在一次接受採訪時回憶道：

　　1968年，俄國入侵後，我失去了布拉格
電影高等研究學院的工作，我曾在那裡教授
文學和電影。當時，我已發表了《玩笑》和
《可笑的愛情》，但他們禁止我在捷克發表任
何東西。因此，我不得不在國外出版我的
書。1973年，當我接受因《生活在他方》[11]
而獲得的梅迪西獎時，我得以來到巴黎。
1975年，雷恩大學向我提出一個助教的職
位。我們，我的妻子和我，帶著四個手提箱
和幾個紙箱的書，坐車走了。這就是我們帶
走的全部東西。在雷恩的那幾年非常幸福，
透過外省更容易發現法國。我們更快地學會
語言和習慣。1978年，我們定居巴黎，現
在，我在高等研究實用學校工作。[12]

　　本來，昆德拉在捷克的事業發展可以說
是一帆風順的。

　　1949年，昆德拉才20歲，就已經發表了
第一首詩歌。1953年，24歲的昆德拉在布拉

格出版了他的第一部詩集《人：一座廣闊的大花園》。一年之後，又出版了第二部詩集《最後的五月》，並在以後的時間裡兩度再版，取得了很大的成功。可以說是才華初現，早年得志。

從政治上講，昆德拉18歲就加入了捷克斯洛伐克共產黨，那是在1947年，即布拉格人民在蘇聯幫助下舉行起義，推翻納粹政權的第三個年頭。那時，以哥特瓦爾為首的捷克共產黨剛剛從莫斯科回到布拉格，捷克的流亡政府也剛剛從倫敦回到布拉格，納粹的勢力尚未得到根本的清除。直到1948年，即昆德拉加入共產黨的第二年，捷共才推翻了中央政府，掌握了國家權力。因此，年輕的昆德拉可以說是與新生的捷克斯洛伐克人民一起迎來了對法西斯主義的勝利，與捷克斯洛伐克共產黨的同志們一起戰鬥，趕走了親西方的資產階級舊政權，走進了社會主義的新時代。他的政治前途應該是十分光明、遠大的。儘管1950年昆德拉曾一度被開除出

黨，但很快又在1956年恢復了黨籍。而在中間這段五年的黨外時間，並沒有給他的前程帶來明顯的陰影。在這五年中，昆德拉的詩歌創作和電影研究都進展順利，詩集一部接著一部地出版。

他第三部詩集《獨白》（*Monologues*, 1946-1956）於1957年出版，並取得了很大的成功，分別於1964年、1965年、1967年和1969年再版。這部詩集收集了他在1946至1956年之間的作品，這也從一個側面反映出，被開除出黨的五年經歷，並沒有給昆德拉帶來根本性的打擊。

第三部詩集的出版，在昆德拉的創作生涯中具有轉捩點的意義。詩集出版的第二年，昆德拉任布拉格藝術學院副教授。也就是在這一年，昆德拉告別了多少還有強烈抒情性的詩歌創作，開始了小說創作。

1956年，蘇聯共產黨第二十大召開。這次大會公開清算了史達林主義，表現了明顯的改革意向，社會主義陣營的思想控制隨之

鬆動，出現了第一次改革高潮。這種環境，十分利於像昆德拉這樣在思想意識上的探索者的成長。因此，在接下來的十多年裡，昆德拉的創作能力呈現出一種井噴式的爆發現象。

1959年，昆德拉完成了他的第一部戲劇《鑰匙的主人們》（*The Owners of the Keys*）。這部劇作於1962年同時以俄文和斯拉夫文兩種文字出版，接著被譯為德文、法文等多種文字。昆德拉的聲譽越出了國界。

1960年，昆德拉發表了《小說的藝術》（*The Art of the Novel*），公開闡述了他對小說藝術現代性的思想。

1961年，昆德拉的評論文章《小說的藝術》則獲得捷克作家出版社獎。這年11月，他的劇作《鑰匙的主人們》在布拉格Divadlo劇院公演，五個月後，這部劇又在布拉格國家劇院公演。

1963年，昆德拉因劇作《鑰匙的主人們》獲獎。同時，他的第一部短篇小說集《可笑

的愛情：三個悲傷的故事》（*Laughable Loves: Three Melancholy Anecdotes*）出版。這部小說集在兩年後再版，才思敏捷的昆德拉爲它換上了三個完全不同的故事。第一版的《可笑的愛情》包括三個短篇，即《我，一個悲哀的上帝》（*I, the Sad God*），《我姐妹們的姐妹》（*My Nurse Above All Others*）和《無人會笑》（*Nobody Will Laugh*）。但在兩年後出第二版時，昆德拉又換上了三個完全不同的短篇：《永恒慾望的金蘋果》（*The Golden Apple of Eternal Desier*），《先驅者》（*The Precursor*），《搭車遊戲》（*The Hitch-Hiking Game*）。此時，《可笑的愛情》實際上成了同名而不同實的另一部書。但這還沒有完結。之後，當《可笑的愛情》出第三版時，昆德拉又換上了另外四個短篇：《死人讓位》（*Let the Old Dead Make Room for the Young Dead*），《專題討論會》（*Symposium*），《愛德華和上帝》（*Edward and God*）和《十年後的哈弗爾大夫》（*Dr.*

Havel After Ten Years）。這時的《可笑的愛情》
又成了與前二本小說都不同的第三部書。昆
德拉才思如湧的情形由此可見一斑。

　　1967年，昆德拉第一部長篇小說《玩笑》
在布拉格出版，並且又是連出三版。這部小
說由法國著名作家阿拉貢親自作序，標誌著
昆德拉創作上全盛時期的到來。

　　隨著昆德拉小說作品的不斷問世，他犀
利的思想品格和鮮明獨特的藝術特徵得到了
越來越充分的展現，他的聲譽與日俱增。…
…

　　然而，接下來的1968年，卻是昆德拉生
命的一個斷扆點，是他終生難忘的重要轉
折。

　　這本是昆德拉最爲春風得意的一年。因
爲他的《玩笑》出版後收到了最熱烈的社會
反響，在著名的「布拉格之春」期間，《玩
笑》和《可笑的愛情》發行量達十五萬冊。
這在彈丸之地捷克斯洛伐克這樣的小國簡直
算得上一個奇蹟。在這一年中，《玩笑》獲

捷克斯洛伐克作家協會獎。

　　但這卻是讓昆德拉和所有捷克人魂斷布拉格的一年。這年8月21日，以蘇聯為首的「華沙條約」裝甲部隊占領了他們的國家。捷克斯洛伐克共產黨中央第一書記亞歷山大·杜布切克（Alexander Dubcek）被逮捕，一大批持不同政見者，包括著名的作家、學者遭到鎮壓。

　　在這場浩劫中，昆德拉的《玩笑》和《可笑的愛情》被查禁。接著，昆德拉又被解除了在布拉格藝術學院的教授職務。

　　他失業了，他精心創作的長篇小說《生活在他方》（*Life Is Elsewhere*）已經完稿了，卻不能在捷克出版。不過這還不算最糟。因為他的其他劇作還可以公演，《可笑的愛情》新的改編本被譯成法文在巴黎出版。而他的《玩笑》則被譯成法文、德文、匈牙利文、日文、波蘭文、瑞典文、丹麥文等文字在國外一版再版。他的寫作還在進行，他仍然作為一個國際知名的作家而存在

著。

　　更爲重要的是，他還保持著自己的那份
知識分子的思想獨立性，保持著昆德拉特有
的自尊和傲氣。道不同者不相爲謀，他退出
了捷克斯洛伐克共產黨，那是在1970年。

　　在那種特定的背景中，這樣特立獨行的
後果，幾乎是不言而喻的。昆德拉立刻失去
了工作和旅行的權利，他的所有作品被列爲
禁止之列。

　　然而，一連串的迫害，並沒有能夠阻止
昆德拉按他自己的個性寫作。正是在這種生
活極端困難的情況下，他拒絕了一位著名導
演的好心幫助。這位導演請他將杜斯托也夫
斯基的小說《白癡》改編成戲劇，而他則由
於藝術個性和藝術見解的不同，而寧可冒不
被公演的風險，去改編狄德羅的《宿命論者
雅克》。[13]

　　昆德拉還在寫作。他在退黨後的一年的
時間裡，就完成了長篇小說《爲了告別的聚
會》（*The Farewell Waltz*），同時還完成了一

些翻譯和評論工作。只是，由於昆德拉的作
品不能在國內問世，所以他的作品幾乎都是
在國外出版的。昆德拉的《生活在他方》於
1973年在巴黎首次出版，並獲同年法國浦利
克斯‧梅迪西斯（*Prix Medicis*）最佳外國小
說獎。1974年，《生活在他方》又在美國出
了英譯本，並獲得美國國家圖書獎提名。他
根據狄德羅小說《宿命論者雅克》改編的戲
劇《雅克和他的主人們》（*Jacques and His
Master*）是用英文在美國出版和公演，後來
又在加拿大演出。短短的幾年中，《玩笑》
的希臘文本在雅典、希伯來文本在特拉維
夫，芬蘭文本在赫爾辛基相繼出版。《可笑
的愛情》義大利譯本在米蘭出版，英譯本也
在紐約出版了。

　　這時的昆德拉已經活像一個純粹「出口
型」的企業一樣，似乎專門在為外國人寫
作。他人在布拉格，讀者卻在全世界，他根
本無法觸及的遙遠的國家裡。用中國話來
說，這叫「牆內開花牆外香」；用昆德拉自

己的話來說，他現在可眞是「生活在他方」
了。

　　因此，昆德拉在1975年的離鄉去國，看
似由一種偶然的機緣造成。但是實際上，他
的流亡生活早已是勢所必然。因爲自從1970
年以後，昆德拉已經「生活在別國」了。

四、歐洲公民

　　作爲一個命定的精神漂泊者，昆德拉的
出走是義無反顧的。他並不像許多流亡作家
那樣到了國外不過是爲了做思念祖國的夢，
然後以這種淒美的思鄉病爲養料來維持自己
的創作。很多年以後，當昆德拉談及失去捷
克國籍、定居法國的經歷時，他仍然十分坦
然地說，他爲自己的經歷「感到驚奇」，「不
過，我的驚奇中絲毫沒有憂愁的成分。」

　　因此，昆德拉完全沒有希望有朝一日落

葉歸根的念頭。當被問及「您想有朝一日回
捷克斯洛伐克嗎？」時，昆德拉回答說：

> 即使給我機會，我也會猶豫很久。我害
> 怕會有太多的失望和痛苦。我經常想到
> 1962年從阿根廷回國的貢布羅維茨，他
> 早就有機會，然而，他總是拒絕返回波
> 蘭。再說，不管怎樣，這問題還沒提上
> 日程哩！現今，我真正的問題是我對法
> 國瞭解得還不夠……[14]

　　這似乎印證了許多人的印象：捷克人似
乎天生就是沒有祖國的人，似乎天生有著流
亡的本性。因此，提到昆德拉的流亡，人們
常常想起這樣一則現代寓言：
　　在移民簽證處，有個捷克人申請移民簽
證。
　　簽證官員問：「您打算到哪裡去？」
　　捷克人回答：「哪兒都行。」
　　簽證官拿出一個地球儀，讓他自己挑一
個地方。

　　捷克人慢慢轉動地球儀，看了看，問：
「還有沒有別的地球儀？」

　　的確，從昆德拉的公開談論中，我們從
來看不到有明顯的離鄉背井的感覺，似乎法
國比起捷克來，更是他安身立命的地方，是
巴黎這個「世界的首都」，而不是布拉格，才
是他紮下生命之根的土壤。昆德拉曾經明確
地說，雖然在他的小說題材大多數以布拉格
爲背景，往往浸透了蘇聯統治下的國家的氣
氛，但是，這只是小說的想像與個人經歷的
內在聯繫造成的，這並不意味著他本人對現
實的布拉格有什麼特殊的眷戀。因爲，小說
中的布拉格與現實中的布拉格有根本的不
同：它只是代表歐洲的一座虛構的城市，只
是一種符號的存在。

　　昆德拉說：人的意識、想像世界、人的
觀念，都是在他的前半生中形成的，而且保
持始終。因此，毫不奇怪，他自己關注的題
材，都以這樣或那樣的方式，與布拉格和我
經歷過的一切聯繫在一起。但是，他提醒人

們說，在另一方面，「我越來越少地把布拉格看作布拉格，而是越來越多地把它看作代表歐洲的一座虛構的城市。布拉格變成歐洲命運的想像中的模式。我感覺到這一點已經很久了。在《生活在他方》裡，我已經把年輕詩人傑羅米爾的命運比作歐洲詩歌的命運，尤其把他比作蘭波。對我來說，傑羅米爾是歐洲詩歌歷史的可笑的尾聲。當我談到布拉格，我談的是歐洲。這兒，在巴黎，我覺得這布拉格的一面更清晰。此外，在我的書中，敘述者不是從布拉格，而是從歐洲某個地方講話。他的思路從巴黎到維也納，從布拉格到日內瓦，從尼采到笛卡耳，從托爾斯泰到帕爾密尼德[15]穿梭自如。布拉格就這樣越來越成為想像中的城市。要證明這一點，那就是我開始忘記城市的地形、街道的名稱……」[16]

但是，布拉格變成一座想像中的城市，昆德拉義無反顧地永別現實中的布拉格，而把自己的生命歸屬定位在法國，他並不以為

這是什麼文化式的背叛，因為法國巴黎是歐
洲文化之都，（昆德拉甚至稱之為「世界的
首都」，他的「世界」，看來只是以歐洲為
限），而捷克斯洛伐克文化從來就是歐洲文化
的一部分。昆德拉似乎很早就是堅定的「歐
洲一體化」思潮的擁護者，他對代表歐洲文
化的巴黎表現了極大的認同。昆德拉說：

　　捷克斯洛伐克傳統上是對法國友好的國
家。我在法國文化的氣息中受教育，對我來
說，巴黎是歐洲藝術的首都，而法國文學則
是對它產生巨大影響的其中一種文學。一方
面，有拉伯雷（我有幸讀到傑出的現代捷克
文譯本）、蒙泰涅和狄德羅。另一方面，又有
波德萊爾、蘭波和所有的超現實主義的詩
人。隨著俄國的占領，我們被孤立了，就像
大多數知識分子那樣。然而，在那黑暗的年
代裡，我有幸接待了許多來自巴黎的朋友，
這些來訪在我與法國之間產生了深層的聯
繫，因此，流放期間到法國定居的想法，便
漸漸地、合乎邏輯地越來越強烈。[17]

　　昆德拉的小說在法國很受歡迎。他的第
一部小說《玩笑》出版的時候，法國的文壇
名將阿拉貢為他寫了熱情洋溢的序言。這些
都明顯地強化了昆德拉對法國文化的認同。
他說：「直到1968年為止，我是個作品未被
翻譯的捷克作家。後來，我的作品開始被人
翻譯，但是，我再也不是作為置身於自己國
家的作家。於是，我便選擇把法國作為我當
作家的國家；因為是在巴黎首先出版我的
書，我十分珍惜這一象徵。」昆德拉認為，
對他的文學創作的「最富智慧的闡釋」是在
法國進行的，在這兒，這些闡釋才是最有文
學性，最不被政治化。昆德拉十分反感別人
把他的小說作為「反史達林主義」的政治工
具，反對一切對他的小說的政治化闡釋。因
此，他覺得，法國才是他真正的知音。

　　1978年，昆德拉的長篇小說《笑忘書》
捷克文本在加拿大出版。這是他流亡國外後
創作的第一部長篇小說。次年，《笑忘書》
法譯本在巴黎出版。《笑忘書》一出，立即

引起爆炸性的轟動效應，評論家們或者欣喜
若狂，大加讚賞，或者在最初一刻的震驚失
語之後，接著便憤怒地加以口誅筆伐。在昆
德拉的祖國，更是有很多人怒不可遏，捷克
政府在極度的震怒中，宣布剝奪昆德拉的捷
克斯洛伐克公民權。這意味著昆德拉的回故
鄉之路被徹底斬斷了。即使昆德拉願意，他
也無權回到他出生的國家。

　　三年以後，1981年，彷彿是作爲回應似
的，法國新總統弗朗索瓦‧密特朗授予昆德
拉和另外一位外國作家法國國籍。

　　昆德拉正式成爲法國公民。

　　昆德拉曾經把巴黎比爲「世界的首
都」，他獨立不羈的精神使他自己具有一種
「世界公民」的自由感。這當然不免有點自我
誇張，因爲他所講、所寫的「世界」，畢竟只
是西方文明的世界。不過，如果說昆德拉是
一位「歐洲公民」，那還是比較切合實際的。

註釋

1.《玩笑》第四章《雅洛斯拉夫》第6節。

2.佈雷東（1896-1966），著名法國起現實主義詩人。

3.《笑忘錄》（編按：台灣譯為《笑忘書》）中譯本，第73頁。

4.《笑忘錄》英文版後記，艾曉明編譯《小說的智慧──認識米蘭‧昆德拉》，第143頁。

5.黑格爾《美學》第三卷，第345頁，朱光潛譯，商務印書館，1981年。

6.米蘭‧昆德拉《〈雅克和他的主人〉序》，高興譯，《對話的靈光》，第409-410頁。

7.米蘭‧昆德拉《〈雅克和他的主人〉序》，高興譯，《對話的靈光》，第411頁。

8.米蘭‧昆德拉《〈雅克和他的主人〉序》，高興譯，《對話的靈光》，第411頁。

9.米蘭‧昆德拉《〈雅克和他的主人〉序 》，高興

譯，《對話的靈光》，第411-412頁。

10.米蘭·昆德拉《〈雅克和他的主人〉》，高興
　　譯，《對話的靈光》，第412頁，下同。

11.Life Is Elsewher，又譯爲《生活在別處》。

12.（法）安托萬·德·戈德馬爾《米蘭·昆德
　　拉訪談錄》，譚立德譯，《對話的靈光》，第
　　504-505頁。

13.參見本章第二節《告別抒情》。

14.（法）安托萬·德·戈德馬爾《米蘭·昆德
　　拉訪談錄》，譚立德譯，《對話的靈光》，第
　　506-507頁。

15.希臘哲學家，約西元前544～約西元前450。

16.（法）安托萬·德·戈德馬爾《米蘭·昆德
　　拉訪談錄》，譚立德譯，《對話的靈光》，第
　　504頁。

17.（法）安托萬·德·戈德馬爾《米蘭·昆德
　　拉訪談錄》，譚立德譯，《對話的靈光》，第
　　504頁，下同。

第二章
兩大基本題材：
政治與性愛

那麼，這部使作者失去祖國的小說《笑忘書》究竟是怎樣一部奇特的書呢？它究竟有哪些驚世駭俗的地方？

《笑忘書》中譯本出版的時候，編者特地在前面加了一個〈序〉，其中寫道：

> 早就聽說捷克大作家昆德拉的小說《笑忘書》是一部十分奇特的作品。在歐美許多國家問世後，都曾風靡一時。拿到該書的中文譯稿後，我欣喜萬分，很快就讀完一遍。沒想到，讀後的感覺卻十分茫然。我真不敢相信自己讀的是一部小說。且不說作品在結構上「東拉西扯」，說古道今，旁徵博引，有失小說最起碼的特性，因而具有明顯的散文化傾向，就連我們通常所說的小說之大忌，作者似乎也有意識地想犯一犯：作品中隨處可見那種對主題的大段大段的直露議論，對某個名稱術語的不厭其煩的解釋和說明，乃至對某個概念名詞的抽象

玄深的辨析和闡釋。[1]

　　〈序〉作者的「茫然」，顯然是具有十分廣泛的代表性的。儘管《笑忘書》英譯本在英、美等國出版後大受重視，並獲得美國國家圖書獎，但別人採訪他時總還忘不了要問：「你最近的那部作品不叫小說，而在書中你又宣稱，這本書是變奏曲形式的小說。那麼，它到底是不是小說？」對此，昆德拉只好回答：「就我自己相當個人化的美學判斷來說，它確是一部小說。但我不想把這個意見強加於人。在小說的形式裡面，還有相當多自由的潛力，把栽種僵化的結構看作小說神聖不可侵犯的本質是錯誤的。」[2]不過作為「第一感受」，這種「茫然」卻又是職業評論家才有的專業感受。對於一般喜愛昆德拉的讀者來講，感受最突出的往往是驚歎於昆德拉洞察特定人生境況的深刻睿智，以及他大量觸及政治和性愛題材時的大膽和犀利。至於對文體方面的意外發現，那還是細讀細

思之後的事，而且這還往往是文學圈內的
事。

　　至少中國大陸的「昆德拉愛好者」和讀
者群並不限於一般意義上的「文學圈」。從我
自己對他們的交流經驗中可知，如果我不是
與他們作明顯職業化的「學術」討論，如果
他們又有足夠的坦率，那麼，我們可以十分
肯定地列出人們對昆德拉作品的關切度或興
趣點：

　　首先是政治，其次是性，第三才是文體
的變革和寫作的技巧。

　　昆德拉本人十分明確地反對把他的作品
作簡單的政治化的解讀，尤其反感一些西方
政客透過對這些文學作品作簡單的政治解
讀，以此作為反共、反「史達林主義」的工
具。因為簡單政治化的解讀是一種別有用心
的「非文學化」的解讀，對真正的文學理解
和文學事業是十分有害的；因為在昆德拉的
作品中，政治和歷史事件實際上只是作為人
的生存處境存在的，它們既不是昆德拉關注

的中心，更不是《笑忘書》這類作品眞正的意義所在。

不過平心而論，政治與性愛，確實構成了昆德拉作品的兩大基本題材和最爲鮮明、突出的個性特點。而且政治與性愛不僅是《笑忘書》揭示主題的基本背景，而且也是昆德拉一系列基本著作展開的基本手段。對政治與性愛描寫的獨特與深刻，也是昆德拉基本著作的重要藝術特徵和成就所在。

所以，在談論昆德拉的時候，如果迴避了這兩大主題，或對之作輕描淡寫的處理，都有礙我們走近眞正的昆德拉。政治與性愛，從來就是昆德拉所謂人類生存處境的兩大最爲引人注目的重要因素。在《笑忘書》中是如此，在昆德拉其他重要著作中也是如此。

以政治或性愛融入小說，這兩者都不是昆德拉的發明和首創。那麼，昆德拉小說中的政治和性愛到底有什麼奇特之處呢？

一、遺忘與人的「童稚化」傾向

正如書名所提示的，「笑」與「忘」構成了小說《笑忘書》探討的兩大主題。當然，昆德拉對這兩大主題的探討，主要是以對政治和性愛中的「笑」與「忘」為手段來展開的。

昆德拉並不認為寫小說就必須講一個有頭有尾的故事，也不認為傳統小說的結構規則是神聖不可侵犯的。在昆德拉看來，「一部小說就是以帶有虛構人物的遊戲為基礎的長篇綜合性散文。」除此而外，小說不應有其他什麼人為的限制。因此，小說中完全可以是諷刺論文、小說敘述、自傳片斷、歷史事實、翱翔的幻想等等要素的綜合體，就像複調音樂一樣，把不同的因素綜合在一起，

形成一個統一的整體。而提供這種統一性的，除了故事情節而外，也可以是小說的主題。[3]與昆德拉大多數小說一樣，《笑忘書》正是諷刺論文、小說敘述、自傳片斷、歷史事實、翱翔的、幻想的、巧妙的、複調音樂式的統一體，其中的政治和性愛的內容占了極其重要的篇幅，而「笑」與「忘」，則為之提供了使各要素成為有機整體的統一性。

小說以一個政治性的歷史片斷開頭：

1948年2月的一天，共產黨領導人克萊蒙特·哥特瓦爾德登上布拉格一座巴羅克式宮殿的陽臺，向聚集在老城廣場的數十萬同胞發表演說。這是捷克歷史上具有決定性意義時刻——千載難逢、命運攸關的時刻。

和哥特瓦爾德在一起的有他的同志們，站在他身旁的是克萊芒提斯。雪花在飛舞，天氣很冷，而哥特瓦爾德又是個光頭。見此情景，善良體貼的克萊芒提斯

摘下自己的毛皮帽，把它戴到了哥特瓦
爾德的頭上。

黨的宣傳部門發行了幾十萬張哥特瓦爾
德站在那個陽臺上向全國人民發表演說
的照片。他頭上戴著一頂毛皮帽子，身
旁是他的同志們。在那個陽臺上共產主
義捷克斯洛伐克誕生了。每一個孩子都
能在海報、課本或博物館看到這幅照
片。

四年以後，克萊芒提斯被指控犯有叛國
罪而被送上了絞刑架。於是，宣傳機構
就立刻把他從歷史上抹去，自然，所有
的照片上都看不見他了。從此以後，哥
特瓦爾德就獨自一個站在陽臺上了，原
來克萊芒提斯站立的地方，現在只剩下
光光的宮牆。克萊芒提斯所遺留下的一
切，就是戴在哥特瓦爾德頭上的那頂帽
子。[4]

這是一則政治生活中記憶與遺忘的反諷

性事件。小說以此為開頭，但並不以說明政
治為目的，而是要探討「遺忘」本身。所以
我們接下來看到小說的主角之一米瑞克，他
一方面說「人與強權的鬥爭是記憶與遺忘的
鬥爭」，充當著反強權的「英雄」角色，同時
卻又力圖把自己的妻子從自己記憶中抹去。
他們曾經真誠相愛，一起走上革命的道路，
一起生活。「他向她講自己背叛反動父親的
事，她則不斷地斥責；知識分子他們手拉手
站在一起，一起去參加會議，臀部磨出了老
繭，他們還一起謾罵其他的捷克同胞，一起
撒謊，一起做愛。她為馬斯特爾波夫的死而
哭泣，他則像一條狗一樣趴在她身上哼哼唧
唧，他們誰也離不開誰。」所以，她的形象
在米瑞克頭腦中留下了很深的印象，一看到
紅紅的秋海棠和白色屋子的窗戶，就不由得
想起她那個碩大的鼻子對窗臺的花叢中探出
來的情景，那個鼻子曾經使二十多歲的米瑞
克「萌生出無限愛意」。但是，現在他卻努力
地「想把她的形象從他生活的影像中抹去」。

他之所以要抹去她，並不是因爲他不曾愛過
她，相反，恰恰是由於他曾經愛過她。藉由
把她從自己心上抹去，他要把對她的愛也抹
去。就像一些政治宣傳機構把克萊芒提斯從
哥特瓦爾德作歷史性演講時所站的陽臺上抹
去一樣。從這個意義上講，以「反對遺忘」
的英雄自居的米瑞克也像那些政客一樣，像
所有的人一樣，是「改寫歷史的人」。

　　米瑞克就是這樣一個政治上的反遺忘的
「英雄」，在性愛上的推進遺忘策略的專制
者。人往往就是這樣一種奇怪的複雜混合
體。昆德拉不無譏諷地寫道：「人們一直在
呼喊說要創造更美好的未來。這不是眞的。
未來不過是一種冷酷無情的虛無，提不起任
何人的興趣。過去才是充滿生氣的，它渴望
著挑動我們，刺激並侮辱我們，引誘我們去
摧毀它或者重新粉飾它。人們想成爲未來的
主人的唯一理由就是要改變過去。他們苦苦
奮鬥就是爲了進入那麼一間實驗室，在那時
照片可以修飾，重新著色，在那時傳記和歷

史都可以改寫。」[5]

　　生命意味著與死亡的不斷鬥爭，而死亡則意味著自我，更確切地講，是關於「自我」的歷史記憶的徹底喪失。反之亦然：記憶了過去，也就意味著精神意義上的死亡。中國古人所謂「方生方死，方死方生」，從這個意義上講也是成立的：我們一生的遺忘過程，也就是生命的死亡過程。

　　在《笑忘書》中，女主角塔米娜是一個在政治和性愛中都遭受著遺忘浸蝕的受害者。她竭力想留住對親愛的亡夫的記憶，但是丈夫的形象在她的腦海裡卻不可挽回地日趨模糊。因此，她必須找回自己失去的信件，從而在一定程度上延緩這種遺忘。當那些唯一可以讓她重新記憶起過去生活的信件被一再有意無意地被耽誤，她一再與之失之交臂時，她對生存和命運是極其絕望的。

　　在此，昆德拉所探討的「遺忘」現象，已經遠遠超越了一種普通的心理學現象，它是對從強權政治到愛情生活，從國家大事到

個體隱私都具有普遍意義的一種深刻的存在
論課題。一個強權主義的國家要想徹底征服
一個弱國，只憑軍事上的行動是無濟於事
的，它們往往要在軍事占領完成之後，進行
精神的占領，其中最為有效的方式就是造成
和擴大「遺忘」：剝奪別國的民族意識，摧
毀其固有的歷史和文化，繼而代之以占領者
自己的文明記憶。這樣，「遺忘」就執行著
一種物質的「原子彈」所沒有的「精神原子
彈」的功能：它不是以有形的攻擊摧毀一個
國家、民族的軍事、政權、肉體，而是透過
摧毀其精神來達到奴役別人的目的。軍事垮
了可以重建，國家亡了可以復興，但是，如
果一個民族的精神被「遺忘」了，那才是真
正的「亡」了。

在《笑忘書》中，我們看到，在捷克被
占領之後，有價值的文學藝術作品得不到發
表的機會，大批的優秀文學家被放逐，歷史
被有組織地改寫，紀念碑被毀壞。在現實的
政治生活中，改寫歷史的醜劇也一再上演。

強權主義利益集團爲了鞏固自己，總要透過
「有組織的遺忘」來從精神上奴役其人民，利
用教科書、報紙、電視等各種現代的大眾傳
播形式對其人民進行「洗腦」，以造就大批可
以放心地統治和利用的透明的「天使」，一個
純潔、天眞的，因而也沒有眞正的思想的
「孩兒國」。

　　《笑忘書》的第三部《天使們》，以兩個
天眞的女學生的文學課開頭，向我們生動地
展示了沒有反思意識的文學課是怎樣假冒的
新奇「發現」取代了眞正的思想。而小說的
第六部又以《天使們》爲題，記敘了一個純
潔、美麗而又充滿了童稚化的專制和冷酷的
孩兒國。一個與世隔絕的孤島，上面住的全
是小孩子，他們生得美麗迷人，像哥特式繪
畫中的處女們一樣，按照一種准軍事化的方
式生活，生活內容都是最天眞的兒童遊戲。
從表面上看，這裡是美麗而幸福的，但是這
裡的規則卻又極爲專制：它要求每一個人，
包括被強行帶上島來的成年婦女塔米娜，都

必須成爲一個孩子，必須像孩子那樣生活、遊戲和沒有個人的思想。當她厭倦這種幼稚的遊戲和可怕的單調的時候，她才強烈地感受到隱藏在天使般的、質樸的、歡樂中的、可怕的專制，生活「變成了一種越來越乏味、越來越骯髒的例行公事」。在天眞的遊戲中有最卑鄙的嫉妒和明爭暗鬥，天眞幼稚中普遍存在著對異己的排斥和簡單而兇狠的報復。最後，塔米娜爲了逃離這個美麗、單純而又冷酷、專制的孩兒國，竟差一點死在仇視異己的單純的孩子們手中！

可見，強權主義不僅是地獄，也是天堂。在強權主義的天堂裡，人們按照某種單一的信仰，毫無私心雜念地共同生活在一起，純眞得如同兒童一樣。只有被童稚化了的人，才能眞正進入這一天堂生活。遺忘與被童稚化，往往是相輔相成的。當一個民族遺忘成爲普遍的生活形態時，他們實際上就是被童稚化，而當成人被童稚化時，他需要的也僅僅是通過遺忘而達到童稚的天眞。因

此，通過遺忘而走向童稚化，就成爲徹底喪
失自我的一種開始，一種象徵。

二、「天使的笑」與
「魔鬼的笑」

童稚化的人往往會像天使那樣歡樂地笑
著，因爲在童稚化的世界裡，一切都充滿了
意義，充滿了歡樂，並且正因爲他們堅信這
種意義，他們準備隨時絞死任何一個不分享
他們的歡樂的人。這就是所謂「天使的笑」。
在《笑忘書》中，昆德拉觀察了各種各
樣的笑，如風風火火的笑，改頭換面的笑，
擁來擁去的笑，超越肉體的笑，無比壯麗的
笑，奢華狂野的笑。有人相信笑得越深，活
得越深，而在昆德拉看來，笑之所以重要，
之所以值得探究，是因爲「人採用同樣的生
理表現形式『笑』來表達兩種不同的形而上

的態度。」昆德拉認爲：

> 在新挖的墓穴，某人的帽子落在棺材上，葬禮失去了意義，笑就產生了。兩個情人在草地上奔跑，握手，大笑。他們的笑殊不知與幽默都不相干，它是天使表達他們生存歡樂的『嚴肅』的笑，這兩種笑都屬於生之愉悅。但是當笑達到極限，它就標示著雙重的涵義：天使——狂信者熱情的笑，他們是如此地確信他們世界的意義，以至於預備把任何不分享他們歡樂的人絞死。另一種從對立的一面發出，它宣告一切都已變得毫無意義了，甚至葬禮也是荒謬的，集體的性遊戲只不過是一切喜劇性的啞劇。人類生活為兩條裂罅所限制：宗教狂熱是一方面，絕對懷疑主義是另一方面。[6]

　　與這種認識相應和，《笑忘書》第三部《天使們》專門以一章的篇幅來論述兩類笑，這就是「天使的笑」和「魔鬼的笑」。

　　昆德拉不相信世界這是由天使的善和魔鬼的惡兩方面的矛盾組合，他認為實際情況比人們想像的要複雜得多。「天使不是善而是神聖宇宙的衛士，相反，魔鬼否認上帝的世界的一切理性意義。」世界的和諧並不是天使壓倒魔鬼，或是天使居於魔鬼之上，而是要在兩者之間保持平衡。「如果世界上有太多沒有競爭對手的意義（天使統治），人類將在重負卜衰亡；如果世界失去它所有的意義（魔鬼統治），生活的任何一部分都是不可能的。」

　　昆德拉在小說中寫道，「突然被剝其假定的意義、被置於虛假秩序之中的事物（一個莫斯科培養的馬克思主義者相信占星學），往往使我們發笑。」因此，人類最初的笑都是一種嘲笑，是屬於魔鬼的笑。這種笑表明了世界的喜劇特徵：它在本質上與它所最初表現的樣子大相徑庭；它包含了某種惡意，同時也飲食某種仁慈的撫慰，事物不像它表現的那麼緊張了。

　　總之，「魔鬼的笑強調世界萬物的無意義，天使的喊叫則讚歎世界萬物創造得多麼完善，組織得多麼合乎理性，是那樣美好而合理。」在作了這番論文式的闡述之後，昆德拉又以一般小說的形象化語言描述道：

　　「魔鬼和天使，面對面地站在那裡，張著口，發出差不多一樣的聲音，但兩者都有自己獨特的音色──絕對地相反。看著正在笑的天使，魔鬼笑得更厲害，聲音更大，也更加露骨了。因為那個在笑的天使本身是無限可笑的。」[7]

　　顯然，昆德拉自己是較為強調「魔鬼的笑」的，他對天使那種「狂信者」的熱情的笑，抱有高度的警惕，因為天使們是如此地確信他們的世界的意義，「以至於預備把任何不分享他們歡樂的人絞死」。而魔鬼的笑則只是強調世界的無意義和可笑而已。因此昆德拉並不認為世界的和諧像一般人所設想的那樣，應該是天使統治的世界。在昆德拉看來，正是由於天使們虔信他們的意義，所以

他們有把任何不相信他們的意義的人絞死的
傾向。在天使們居住的天堂旁邊，一定需要
一個集中營，以處置那些妨礙他們的人——
魔鬼。

　　因此，笑，尤其是魔鬼般的嘲笑，幾乎
成了昆德拉看待世界的一種基本方式。昆德
拉認為，「幽默感是一個值得信任的認知價
值」，而一個失去幽默感的世界只會令昆德拉
感到恐怖[8]。笑看人生，構成了昆德拉小說的
一個基本藝術特色。

三、笑看性愛的秘密

　　昆德拉的笑看人生，與傳統上的偉大哲
人或偉大政治家笑看人生有很大的區別。這
不僅是因為昆德拉的笑是一種魔鬼般的嘲
笑，而且因為昆德拉以更多嘲笑的目光打量
人生中的情愛。在某種程度上，我們甚至可

以說，昆德拉笑看人生的特點，主要表現在他笑看性愛的秘密。因為人生的政治、民族等社會意義，在昆德拉魔鬼式的嘲笑中，被剝去了意義，顯出其無意義的荒謬，而性愛，在昆德拉看來，則是生命中最深層的、純屬生理的領域，因而也是生命最深刻的秘密所在。昆德拉相信，對性關係提出的問題也是最深刻的問題。

在昆德拉的小說，對性愛的描寫和探究，占了非常突出的篇幅，具有非常突出的地位。在《笑忘書》中，幾乎所有的組成部分都以大量的性交場面為結局。就是小說的第二部，題目是聖潔無邪的《母親》，其主體部分仍然是對三人群交的長篇描述。而小說的第七部分《邊界》，其基本內容也是完全的性愛描寫，或者說，是對性愛的探究。這部分一開頭，作者這樣寫道：

　　他總覺得一個女人在性交過程中最有趣的是她的臉，她身體的扭動像是一大卷

不斷打開的錄影帶，她的臉則是顯示錄影的電視螢幕。這是一卷充滿騷動、期待、亢奮、痛苦、喊叫、柔情和怨恨的錄影帶。不幸的是艾德韋格的臉是一個空白無物的螢幕，詹恩常常盯著它，為一連串找不到答案的問題痛苦。她是不是對他厭煩了呢？她是不是厭倦了呢？她是不是不喜歡做愛呢？她是不是喜歡更多的情人呢？在她那毫無表情的臉龐下她是不是向他隱瞞了某種令他莫名其妙的經歷呢？

當然他也許已問過她了。但他和她的確是一對奇怪的搭檔。通常他倆都有很多話交談，而且彼此都不向對方隱瞞什麼，可是每當兩人的肉體糾纏在一起的時候，他們就失去了對話的能力。

十分明白，以這樣一段話開頭，實際上是開宗明義地提出了本部分主要懸念，也即小說家所要探究的一個問題：主角奇特的性

生活及其在性生活中奇特的感受。值得注意
的是，昆德拉在小說中的性描寫並不只是簡
單地作為一種招攬讀者的添加物，或者讓讀
者去感受一種吃禁果式的快感。在西方文學
史上，以對性的描寫而聞名的作家並不少
見，在近現代的人文主義背景下以追求人的
解放，謳歌性愛的天然之美，反對異化的文
明對人性的扭曲和對性的壓抑作家的作品更
是代不乏人。在英國，有著名的性心理描寫
大師勞倫斯（H.D.Lawrence, 1885-1930），他
在小說《查泰萊夫人的情人》（*Lady
Chattleys Lover*）和《虹》（*The Rainbow*）等
一系列小說中，經以對性愛大膽描寫，以對
基於人天然本性的、未經扭曲的性愛歌頌和
追求而遭到非議。在很長一段時間中，勞倫
斯的作品都在被查禁之列。美國作家亨利·
米勒（Herry Miller, 1891-1980），是20世紀
中期美國文學追求人性的自然解放的旗手之
一，他以其自傳性小說中對自我不加掩飾的
描寫和對性生活的露骨展示而著名。在「性」

相對成為一種禁忌的一段時間裡，米勒與勞倫斯一樣，大體上仍然還屬於「性文學」的範疇，其審美效果有相當部分類似於中國的《金瓶梅》，僅僅是通過對性生活和性心理的直露描寫，就收到了令人震驚的審美效果。然而他們對性禁忌的大膽突破和無所顧忌的描寫，在當時的社會背景下也有明顯的離經叛道的思想解放作用。所不同者，在於他們從情慾中找到了各不相同的生存還原論意義。

但是，幾十年以後，人們生活於其中的社會文化背景已經有了很大的變化，以前的性禁忌已經讓位於今天的性泛濫，而經過人本主義思潮洗禮之後，人類的性愛早已被還原到了「自然本性」的層次上了，在這種情況下，作家如果再想通過性描寫本身來取得閱讀效果，或者希望再通過「性描寫加人本主義」的老套進行創作，是很難做出新的發現的，創造新的價值的。關鍵在於：那樣的藝術描寫，已經失去了與當代人生存體驗和

現實感受的直接聯繫，因而也就沒有它過去
曾經有過的那種生活的新鮮感和藝術的張
力。

　　昆德拉認爲，在人們的觀念已經比較開
化的今天，「性」已經不再是一種禁忌，因
此，僅僅是描寫性，僅僅是性的自白，會讓
當代的讀者感到厭倦。從這種意義上講，曾
經被人們視作在性描寫上有大膽突破的勞倫
斯，已經顯得非常陳舊了，甚至亨利・米勒
「淫穢的抒情」也不免舊。

　　事實上，昆德拉對情慾的大量描寫，與
上述傳統的性文學的確是有很大區別的。昆
德拉描寫性愛，但卻不是讓人們的興趣僅僅
止於性愛，而是讓人思考在性愛中突顯出來
的人的存在樣態。這就是爲什麼昆德拉的小
說往往包含著巨大的情慾場景，而又沒有多
少色情的刺激的原因。勞倫斯或米勒描寫性
愛，是讓人關注性愛，要求人們衝破禁忌，
原人的性愛以應有的地位。他們通過他們生
動感人的描寫，目的是爲了向人們顯示：性

愛原來是多麼美好，至少是人情之所必不能免的正常慾望，是人性的正常組成部分。因此，勞倫斯和米勒等作家的探討可以說是起於性愛而止於性愛，他們通過作品向讀者說：大膽地看吧，這就是人的性愛，是人類不能迴避、不必迴避，理應欣然享受的東西！但是，昆德拉就不同了，他對性愛感興趣的原因相對來說是性愛本身，而是性愛中體現出來的人的本質。他對性愛的描寫，是起於性愛，而又不止於性愛，他探討的主題，是通過性愛表現出來的另一種東西。他通過自己的作品向讀者說：仔細地看吧，這就是性愛，在它裡面隱藏著人性多麼深奧的東西！

昆德拉說，「我有這樣的感覺，一個肉體之愛的場景產生出一道強光，它突然揭示了人物的本質並概括了他們的生活境況。雨果與塔米娜做愛，同時塔米娜絕望地試圖憶起消逝了的和死去的丈夫度過的那些假期。情慾場景是一個焦點，其中凝聚著故事所有

的主題，置下它最深奧的秘密。」[9]

　　昆德拉提到的雨果與塔米娜的做愛，發生在《笑忘書》第四部《失去的信件》裡。在小說的這一部分，對情慾及性行爲的描寫照例仍然寫了很大的篇幅比例。其中直接寫雨果與塔米娜做愛細節的長達兩個章節。從中我們可以清楚地看到，昆德拉是如何大量描寫性愛而又不止於性愛，如何透過性愛來探求人的存在樣態。

　　在昆德拉的筆下，塔米娜是一個「既高又美的、33歲的、道地的布拉格」女人——在性生活方面正是最成熟的漂亮女人；她從布拉格逃亡到西方，丈夫死去後，在一家小餐館作女招待，她的女友提醒她有機會可以「大大地改觀性生活」，而實際上「自從丈夫死後塔米娜就從來沒有做過愛」——風流韻事極易發生。

　　雨果是經常光顧小餐館的客人，「文靜羞怯」，比塔米娜年輕5歲左右。昆德拉描寫道：「雨果的口裡有一種很難聞的氣味，但

是塔米娜還是覺得他十分漂亮。」他每星期都到小餐館來一次，「一半時間是貪婪地讀他帶在身邊的書，一半時間是貪婪地注視站在酒櫃後面的塔米娜。」

這樣的情節安排，已經使故事具備了一切色情故事發展的必要條件，但昆德拉關注並不是色情，而是正在艱苦地與遺忘作鬥爭、在記憶求生存的塔米娜的存在樣態本身。就是說，這裡的一切關於情慾的描寫，都著重在於昆德拉對人的「遺忘」主題的探討。

雨果當然是性愛的符號，情慾的化身，但同時他也是誤解的化身。他從來沒有眞正瞭解塔米娜，也從來沒有眞正喚起過塔米娜的情慾。實際上，塔米娜的全部心思都在她與丈夫流亡時不得不留在布拉格的那一包私人信件上，那些信件是她過去生活的記憶，是她與遺忘作鬥爭的依據。塔米娜整個就活在對「遺忘」的焦慮中。她對雨果表示好感，也是因爲她可能需要他去布拉格帶回自

己朝思暮想的那些信件。從作者對小餐館的酒客、作家和有創作慾望的人的描寫中，我們可以看出，《失去的信件》中不僅寫了塔米娜失去了她的信件，更寫了人們之間失去了交流、溝通的可能。所有的人都渴望表達，所有的人都在自說自話，眞正的交流從未開始過，因爲人們對理解他人實際上毫無興趣。失去的「信件」，在小說中其實是失去的「交流」的一種隱喻。[10]

追求著塔米娜的雨果自以爲是地認爲他瞭解塔米娜，但事實上他卻生活在塔米娜的生活之外，甚至在他極其投入地與塔米娜做愛時也是如此。塔米娜和她的丈夫一直在與遺忘作鬥爭，爲此他們把他們的愛情生活以日記的形式記錄下來。儘管她對丈夫的愛是那麼強烈，但她卻絕望地發現，在丈夫死後，她對於丈夫的記憶也在一點一點地、無可挽回地消逝。昆德拉寫道：

我要把塔米娜周圍的世界想像成一座圍

牆，而她則是圍牆下一片小小的草地，
這塊小草地上唯一的玫瑰是她對丈夫的
回憶。

或者我要把她的現狀（包括端咖啡和聽
別人嘮叨）想像為一個在水上漂泊的筏
子，好坐在上面，向後面看著，只向後
看。

接下來她絕望地注意到，過去變得越來
越蒼白了。她唯一保留下來丈夫的遺物
只是他護照上的相片。……每天她都要
花上些時間做精神體操，努力回憶他的
側面相是什麼模樣，接著是半側面相，
然後是四分之一側面相，並且重溫他鼻
子和下巴的那些線條，而每一天她都在
她的記憶力不知該走向何方的迷茫時刻
感到心寒膽顫。

為了與遺忘作鬥爭，塔米娜練就了把她
眼前的任何一個男人想像成自己丈夫的本
領，但她的這一切努力最終只是說明，丈夫

的形象已經被永遠忘記了。她之所以急不可
耐地、甚至帶著一種絕望感地要找回那些日
記本和信件，只是爲了與遺忘作鬥爭，從而
充實自己現在的生活，使現在的生活獲得某
種意義。由於她和丈夫是透過出國旅遊的名
義逃離祖國的，因此不敢把日記本和信件帶
在行李中，以免引起海關人員的懷疑。而現
在，這些日記本和信件卻成了她找回自己生
命意義的關鍵。當然，那些日記本上也有不
少令人不快的事，如不滿、爭吵和厭煩，但
這沒有什麼要緊的，因爲塔米娜並不想把過
去變成詩歌，她只是想恢復失去的日子的本
來面目。「她並不是被一種追尋美的慾望所
驅使，而是受制於一種強烈的生活慾望。」
她不能承受沒有過去的空虛的現在，沒有過
去的現在只是一個看不見的點，在這個看不
見的點上，塔米娜正慢慢地走向死亡。

　　所有這一切，受好奇和情慾驅使的雨果
當然無法理解。在雨果眼中，塔米娜就是一
個漂亮的外國寡婦，一個有著謎一樣身世

的、善解人意的女招待，一個因政治迫害而流亡異國他鄉的持不同政見者。他願意「冒險」到布拉格去幫塔米娜取回日記和信件，既有向塔米娜表示友好的成分，也有他自己一廂情願地幻想的政治探險成分。塔米娜愈是解釋日記和信件的私人性質和無危險性，他愈是相信自己正要勇敢地走入一個危險的政治風浪中。他不瞭解塔米娜看到不發聲的鴕鳥時的內在感受，不明白她在做愛時正情不自禁地把他在想像中改造成她過去的丈夫，更不明白塔米娜做愛時的慌亂根本不是因為興奮，而是因為她根本無法進入角色。

　　塔米娜的慌亂和雨果可笑的尷尬，處處都揭示了人的遺忘對人的存在的撕裂。在雨果和塔米娜的性愛遊戲中，這種撕裂顯得格外尖銳，格外鮮明耀眼。昆德拉說：「一個肉體之愛的場景產生出一道強光，它突然揭示了人物的本質並概括了他們的生活境況。」看來是不虛的。他的小說把「情慾場景」作為透視人的一個焦點，也許自有其道理。

四、政治化的性愛，或性愛的政治化

　　如果說，性愛是人的本質和現實存在的最自然的表現，那麼，這種本持和現實的存在必然是和政治聯繫在一起的。人總是生活在一定的政治場景中，一個人的願望、慾求以及人與人之間的關係，在政治生活中往往會得到充分、無可逃避的展開，正如在性愛關係中，人的本性以及人與人之間的關係會得到無可逃避的展示一樣。因此，「政治場景」和「情慾場景」一樣，也成爲昆德拉透視人生的一個迫切的焦點。

　　政治與性愛成爲昆德拉探索人生的兩大基本主題並不是偶然的，而且，在昆德拉的小說中，這兩大主題是如此緊密地交織在一起，以致於在他的主要代表作品中，政治往

往是性愛化的政治，而性愛也往往是政治化
的性愛。《笑忘書》中各式的性愛幾乎都在
深層次上成為某種政治的隱喻，《生命中不
能承受之輕》中特麗莎與一個自稱工程師的
陌生人的純情慾式的豔遇，本是她試圖體驗
「靈」與「肉」分離的唯一的一次嘗試，不僅
沒有讓她感受到浪漫的滋味，反而使她很長
時間內生活在政治壓迫的莫名恐怖中。她怎
麼想，那個可疑的工程師也不像是一個單純
尋歡作樂的工程師，而像是一個秘密的政治
警察。在昆德拉的這些小說中，那些被濃墨
重彩渲染的性愛場景有些本來就是政治的一
種表現形式，有的則在看似純自然的情慾
中，糾纏著揮之不去的政治陰影。

昆德拉在意識形態色彩非常濃重的時代
和政治管制極其嚴厲的國家中度過了自己生
命的重要階段，他的生存壓力和生活感受都
與國家政治和意識形態鬥爭直接相關，很多
時候直接就來源於這種鬥爭的張力。他在政
治中體驗生活、觀察生活、認識人生，因此

當他探索人的情慾的時候，其藝術的張力並不像勞倫斯、米勒那樣來自於情慾與相對空泛和抽象的資本主義與現代文明之間的對立，而是情慾在嚴厲的政治環境中變形的表現。昆德拉帶給讀者的，更多地是一個政治化的情慾，而不是勞倫斯式的謳歌自然的、田園牧歌式的情慾。這一特點，在昆德拉早期創作的短篇小說《可笑的愛情》中已經有所表現，而在他的成名作，第一部長篇小說《玩笑》中則已經表現得非常鮮明突出。

收在《可笑的愛情》中的短篇小說，都是昆德拉「笑看性愛」的產物，昆德拉以一種實驗性的筆觸，揭示了一向被詩人墨客們描寫為神聖之物的「愛情」的偶然性和荒唐感。其中《搭車遊戲》考察了人類在性愛中的「放浪」本性。年輕的男女主角在汽車的燃油快要耗盡的時候，想到了到時候不得不憑藉女主角的姿色搭別人車的場景。進而，小夥子想試驗一下是否有司機想搭訕她，而她也懷疑小夥子在她自己不在身邊的時候，

究竟搭過多少公路女孩。他們決定試一下，
結果卻是假戲真做，平時完全沒有表現出來
的「放浪」性格讓女主角十分興奮，不能自
已。這部短篇小說集中的其他故事也都是從
不同的側面，比如寡婦「請丈夫給情人讓
位」、獵豔者心理等等，來考察人的本性。但
即使是這部純粹考察性愛的短篇小說集，也
在一些地方表現出了「性愛」與「政治」相
糾纏的特點來，如《愛德華與上帝》中，愛
德華深情地愛上了漂亮的女孩愛麗絲，而愛
麗絲卻虔誠地信仰上帝，非常保守而貞潔，
於是只好假裝信仰上帝以博取愛麗絲的芳
心，用《聖經》打開了通向她美麗的肉體的
道路。比愛德華這種荒唐可笑的愛情更為可
笑的是，愛德華假裝的信仰上帝，卻被工作
的學校當局，「唯物主義」和「科學主義」
的信仰者看得極其嚴重，他成了被改造的物
件，並不得不屈從於他的頂頭上司，能決定
他命運的女主任契哈科娃，並成了這個半老
徐娘的性慾工具。更為可笑的是，愛德華屈

從於女主任的赤裸裸的性慾，但又對她毫無性慾。他急中生智，竟然在絕望中大發神威，以上帝的名義迫使已經完全受性慾支配的女主任接受了「三重羞辱」，從而成功地煽起了自己的性慾。兩天之後，愛德華又極其荒唐地不愛愛麗絲了，理由是愛麗絲答應把肉體獻給自己，是對上帝的背叛，而自己為她付出的一切，簡直就是無謂的犧牲。

在這裡，對昆德拉對性愛的探討實際上已經構成了對「政治」和其他神聖之物的挑戰。在這部作品中還有一個值得注意的人物，就是愛德華的哥哥。他這位哥哥之所以被趕出了學校大門，僅僅是因為一個玩笑。他在史達林逝世的那天恰好一個人躲在宿舍裡睡大覺，因此對當天發生的事一無所知。第二天回到系裡，看到女同學契哈科娃，也就是後來的女主任，「激動得像一座悲哀女神像」，僵立在大廳中，便圍著她轉了三圈，然後放聲大笑。結果他的這一行為被公開指責為一種「政治挑釁」，而且以「社會需要」

的名義，失去了留校教書的資格。這段描寫
著墨不多，卻已經把譏諷和「探索」的鋒芒
明確地直接指向了捷克的意識形態和政治。

五、政治對性愛的扭曲

　　《玩笑》是鮮明地表現出昆德拉創作風
格的第一部代表作，在《玩笑》中，政治與
性愛這兩大主題也得到了更進一步的深化。
　　《玩笑》的靈感來自於一個發生於捷克
某小鎮的普通故事：一個姑娘從公墓裡偷
花，作爲送給情人的禮物，結果她因此而被
捕。昆德拉認眞思索了這件事的意義，開始
形成《玩笑》女主角露西的形象。對露西來
說，「性慾和愛情是截然不同、互不相容的
兩碼事。接著，在我的頭腦中，她的故事與
另一個人物的故事融合在一起，這個人物就
是路德維克，他把自己的一生中積聚起來的

仇恨都集中在一次性行爲中發洩。於是便形
成了《玩笑》：一首關於靈與肉分裂的傷感
的二重奏。」[11]

　　關於「靈與肉」的主題，昆德拉後來在
《生命中不能承受之輕》中有更爲直接、更爲
深入的探討。《玩笑》與《生命中不能承受
之輕》探討「靈與肉」主題的最大不同在
於，《生命中不能承受之輕》的探討在一個
相對抽象的人性化層次上展開，主角在靈與
肉之間的選擇，他們的性觀念等等，相對來
說更是一種個人的信念；而在《玩笑》中，
靈與肉之間的戲劇是在強烈的意識形態網路
中掙扎中上演，在對特定政治背景的反抗中
交織、分裂、歡笑和哭泣。

　　《玩笑》以路德維克獨特的「復仇」爲
主懸念。小說一開頭，就寫路德維克在家鄉
去找老朋友借床，以便與女記者海倫娜上床
——不是因爲愛她，而是因爲她是仇人的妻
子，這是他精心計劃的一個政治報復行爲。

　　這時，他剛剛從懲戒營出來，獲得自

由。他在一個偶然的機會發現來採訪他的電
臺女記者海倫娜，正是當年在政治上整他，
使他陷入終身不幸的仇人澤馬內克的妻子。
路德維克認爲這是很好的報仇的機會。他要
勾引海倫娜，使澤馬內克蒙羞。在小說快要
結束的時候，他才終於費盡周折，得到了海
倫娜。不過，這時候路德維克才發現，蒙羞
的並不是澤馬內克，而是他自己。原來，澤
內馬克早有更年輕漂亮的新歡，路德維克使
海倫娜瘋狂地愛上了自己正好幫了澤內馬克
的大忙，使他終於甩掉了韶華已逝的海倫
娜。這一次，又是命運給路德維克開了一個
玩笑。

當初，路德維克也是因爲一個玩笑而毀
了自己的一生。那時，路德維克與他的女友
瑪凱塔都是革命熱情非常高的大學生，都堅
信西歐的革命只在早晚的事。但是有一點不
同的是，瑪凱塔對現實心滿意足，成天都興
高采烈的，而路德維克卻因爲不能經常和女
友在一起，深入發展關係而悶悶不樂。於

是，他隨手給瑪凱塔寫了一張明信片，嘲笑
她的樂觀主義和滿腦子的「健康思想」，想讓
她難受，他提筆寫道：「樂觀主義是人類的
鴉片！健康思想是冒傻氣。托洛茨基萬歲！」
結果，這張明信片落到了黨組織手中，別人
並不把它當成玩笑，而認定這是一個嚴重的
政治問題。通過各種思想鬥爭會議和民主表
決，他被開除學籍、開除黨籍，送到「懲戒
營」去服苦役，接受思想改造。

　　在艱苦的、全面壓抑的的懲戒營中，路
德維克人性的「愛」的衝動不斷退化成動物
式的性衝動，而這種性衝動作爲他生命衝動
的重要確證，又不得不與政治的因素交織在
一起。小說中有這樣一段路德維克的心理自
白：

　　　　最近，曾有多少回，各種各樣的女士責
　　　備我（因為我不知道回報她們的感情），
　　　說我自命不凡。這真是沒來由的話，我
　　　並不是孤高自傲的人，不過說實在的，

我連自己也很沮喪，因為在我而立之年始終未能求得與一位女性建立真正的關係，而且也正如別人所説的，從來不曾愛過任何一位女士。今天我還不敢肯定已經找到了這一失敗的原因，我也不知道這種感情的缺陷是不是天生的或者説其根源早已種在以往的經歷中；我不想悲悲切切，反正事情就是這樣：在我的腦海裡常常會浮現一個大廳，百十來人在這裡舉起胳膊規定了我的生活必須截然斷裂；這百十來人並不知道，萬事都有一天開始慢慢地變化；他們認定我的流放是永不翻身的。我曾經多少次給自己的歷史虛構各種不同的可能：假設當初大學不是提出要開除我，而要把我絞死，那麼後來會怎麼樣。這倒不是我喜歡重提舊惡，而是一種思維頑症。結果我得出結論只有一個，那就是在當時那種情況下，大家也都會舉手的，特別是在只要尋人報告情真意切地鼓動一番，

多麼恰當多麼有利就行。從那事件以
後，每當我再見到一些新的面孔，無論
是男是女，朋友或情人，我總要在腦海
裡把他們放進那個時期的那個大廳裡
去，琢磨他們會不會舉起手來。沒有一
個人通得過這樣的考驗：人人都像以前
我的那些朋友和熟人們一樣舉起來（有
的是出於信念，有的是因為害怕，有人
忙著不停地舉手，有人無可奈何）。所以
你得承認：跟那些隨時隨地準備把你送
去發配或送到死神那裡的傢伙一起生活
是很難的；把他們引為知己是很難的，
愛他們也是很難的。[12]

　　既然愛一個女人是很難的，既然意識到
自己與懲戒營中的其他人並沒有根本的區
別，路德維克就幾乎無可選擇地與懲戒營的
「共犯」們一起在周末尋歡作樂。在有過第一
次的放縱經驗之後，路德維克徹底擺脫了自
我封閉和孤獨，徹底同化於環境，以猥褻為

樂，寧要放浪的女人，而不要有魅力的女
人。

　　作為一個知識分子，路德維克對自己這
種把自我等同於卑下的肉慾衝動的行為是有
清醒的意識的。與其說他是受制於盲目的衝
動，不如說他的自甘墮落是出於清醒的政治
上的自我反省，出於他清醒地意識到自己政
治上的卑下和無路可逃。路德維克接著反省
道：

　　　　也許我這樣做不公正，把跟自己交往的
　　　人全都放進這麼殘酷、其實是出來的考
　　　驗之中。不公正在於，他們實在很可能
　　　跟我一起太太平平地度日，沒有在那裡
　　　舉過手。有人甚至可以這麼說，我那麼
　　　做只有一個目的：就是要抬高自己，妄
　　　自尊大，把自己置於眾人之上。可是那
　　　『自命不凡』的指控也實在是不公正的。
　　　雖然事實是我沒有投票贊成過任何人的
　　　覆沒，但是我完完全全清楚，我的這一

德行是靠不住的，只是因為我老早就失
去了給別人舉手的權利而已。在很長時
間裡，我確實一直力圖使自己相信：在
同樣情況下我不會像其他人那麼做。就
那麼著，難道我一個人，會不舉起手來
嗎？難道我會獨立主持正義嗎？才不會
呢，我沒有足夠的信心可擔保自己比別
人強；只不過那又何嘗能改變我和別人
的關係呢？意識到我自己的不幸並不能
使我對命運相同的人親熱。使我最噁心
的就是這樣一些人：他們看見別人和自
己一樣卑鄙，就和人家情投意合。這種
骯髒的情誼我才不要呢。[13]

在一個污泥濁水的世界上，露茜像一枝
清純的蓮花悄然開放。有人說露茜是路德維
克靈魂的挽救者，而這個挽救，既是情慾上
的，也是政治上的。露茜所帶來的清純之
風，使路德維克已經退化爲肉慾的「性」，重
新覺醒眾人性的「愛」，而這種覺醒，同樣是

與他在政治上的重新覺醒交織在一起的。在
電影院邂逅結識露茜之後，路德維克對自己
這一段時間的生活有一個新的反省，他強烈
地感到：

> 在俄斯特拉發時那些拈花惹草的行為猶
> 如污泥濁水，令人作嘔，但露茜並不僅
> 僅把我從這種泥淖中解救出來，而是從
> 那時候起，我確實醒悟到我的奮鬥失敗
> 了，我企圖改變黑色肩章是辦不到的，
> 我認識到，我被迫與之肩並肩地生活了
> 兩年或者說兩年多的那些人，現在我想
> 把自己和他們劃清界限完全是發瘋，我
> 認識到，我老是大聲疾呼我有選擇自己
> 道路的權利（我開始看清這種權利的特
> 權性質），其實完全是荒廢的，在我內心
> 深處，我一直為自己失落的命運而痛哭
> 流涕，而現在，我新的姿態並不是由於
> 眼淚已經流乾，而是出於理智，出於覺
> 悟。這些偷偷流的淚水，露茜像有魔法

一般把它止息了，我只要一感覺到她在
我的身旁，感覺到她的生活就行，而在
她的生活裡，什麼世界主義和國際主義
的問題，提高警惕和階級鬥爭，關於無
產階級專政定義的爭論，戰略政策和戰
術政策全都不起作用。[14]

路德維克認為，他自己的問題，正是出
在對這種種問題的關心上。這些問題完全屬
於那個意識形態鬥爭的時代，過了不久就變
成了一大堆令人難懂的辭彙，可是當時他自
己剛好對這些問題念念不忘。直到他被叫到
各級黨委前交待時，路德維克竟還能列舉出
十幾種嚮往共產主義的動機，然而這些冠冕
堂皇的「動機」大都不過是一些大而無當的
概念，在當時的運動中，真正能吸引路德維
克這類年輕知識分子，使其迷戀的，是所謂
「歷史的方向盤」，他們掌握著它，或者自以
為掌握著它。由於那個時候捷克斯洛伐克的
大學教師隊伍中共產黨員屈指可數，所以學

生共產黨員在最初的幾年裡一直是獨立擔負
著學校的領導責任，他們既決定教師的任
命，也決定著教學改革和課程改革。這使路
德維克這樣的年輕的、革命知識分子得意洋
洋，嚐到了權力帶來的陶醉是什麼滋味。當
人們覺得歷史被他們乖乖地駕馭著前進的時
候，會是多麼飄飄然！這種感覺對中國大陸
同時代的知識分子來說，是非常容易理解
的，可以肯定這正是昆德拉在中國大陸知識
界引起普遍共鳴的一個重要原因。

在大多數情況下，歷史的使命感最後都
會轉化為一種對權力的嗜好，其中也包含著
一種幻想，就是：我們能夠把握住歷史的
「方向盤」，我們能夠親手開創一個這樣的時
代，在這個時代裡，每一個人都不再是游離
於歷史之外的人，也不再是落在歷史後面的
人，因為他要引導歷史，造就歷史。長期以
來，路德維克就是深深地陷在這種宏大敘事
的歷史幻覺之中，並從這種幻覺中不逃避地
滑向了其相反相成的對立面：極端的卑污和

墮落。所以，露茜的出現，使路德維克在個
性意識和政治意識兩個向度上都回歸於「見
山還是山，見水還是水」的境界。也許，在
昆德拉看來，這本來就是同一件事。昆德拉
通過路德維克之口反省道：

> 當時堅信，遠離歷史方向盤的生活就不
> 算生活，而是行屍走肉，會六神無主！
> 不啻是一種逃亡，簡直如放逐在西伯利
> 亞。而現在（在西伯利亞過了六個月之
> 後），我忽然看了出來，離開歷史方向盤
> 還是有可能生活的，一種新的、原先未
> 曾估計到的可能：原來在歷史飛騰著的
> 翅膀下，居然隱藏著一個被人遺忘的、
> 日常生活的遼原，它就橫臥在我的面
> 前，草原中央站著一個可憐巴巴的女
> 子，但又是一個值得愛戀的女子——露
> 茜。
>
> 露茜……她對歷史一無所知；她生活在
> 歷史的底下；她對歷史這個陌生的東西

一無所求；對那些號稱偉大的時代思慮
毫無概念，她只是經驗著自己那些瑣瑣
碎碎的、無盡無休的煩惱。而我，忽地
一下子，得到了解脫；人心所向是她的
來到把我引領到了她那個模模糊糊的天
堂；剛才的那一步，原來我不敢跨出的
那一步大約正是使我『出了歷史』，一步
對我來說，使我猛然擺脫了桎梏，使我
一舉獲得了幸福。露茜，羞怯地挽住了
我的胳膊，我任她拉著往哪兒走……15

　　昆德拉曾經稱，在他所創造的人物當
中，露茜是「眞正的詩」，是唯一一個沒有現
實根據的虛構人物。露茜之所以對昆德拉有
吸引力，是因爲她代表了昆德拉所嚮往的高
貴的單純：沒有卑污的情慾，也沒有政治的
慾望。但是人們生活在情慾與政治的凡塵之
中，如何才能達到這種高貴的單純呢？對
此，昆德拉是十分迷惑的。正是由於這樣，
露茜的單純才成了吸引昆德拉、吸引路德維

克的一個難解的謎，成爲他們生活中的一縷
亮光。昆德拉說：「在現實生活中，我從未
見過一個眞正單純的女人。我認識許多平庸
的、像《玩笑》中的海倫娜那樣的女人，對
她們熟悉透了。但是，正因爲露茜是我從未
見過的那種女人，我便感到有一股吸引力要
去發現她。露茜是一個既單純，同時又像謎
一樣的女人，像謎一樣因爲她是如此單純。
一般來說，人們都認爲複雜的事物像個謎，
然而露茜是那樣的單純，使我不瞭解她。是
積極的單純，令人欽佩的單純。露茜是我自
身粗俗的、玩世不恭的一種抗衡力；她是我
自身經歷之外的一種經歷。這是《玩笑》一
書中最富有想像力、最獨出心裁的部分。露
茜是眞正的詩，她不是眞實而是虛構。」[16]

六、情慾對政治的報復

　　由於在昆德拉的小說中充斥著大量的性
描寫，他的小說主角往往是些耽於肉慾的、
高才智的角色，總是以放縱的性行為來尋歡
作樂，這很容易讓人誤以為昆德拉是一個極
端的享樂主義者。但是，儘管昆德拉曾一再
論述「情慾」作為透視人性窗口的重要地
位，他在評論者指出他的作品中「性行為與
笑和存在之輕一樣，都是重點」的時候，卻
拒絕作出任何解釋，理由是：作家藝術者常
用且無往而不勝的：這是藝術的非理性領
域，不便於作理性的評論。在一次接受採訪
中，當昆德拉被問及：不知你是否同意「色
情在某種意義上說是可笑的」這種看法時，
昆德拉回答說：「我不知道。」當他又被追
問，為什麼「在你的長篇和短篇小說中，性

行為與笑和存在之輕一樣，都是重點」時，昆德拉回答說：「有些總是我願意回答，另有一些問題我不想也不知如何回答。在寫作中，理性和非理性兩種成分都有。理性成分是小說的美學，是美學在文學史中所處的方式，等等。這方面的問題我談起來很自在。但是，小說中還有的內容：人物、迷戀、色情……瞧，這些事我只在小說中並通過小說才知道如何處理。我不知如何告訴你：為什麼我的小說中的婦女就是她們那個樣。我也不願隨便向你解釋為什麼性行為在我的小說中起著如此重要的作用。這是潛意識的、非理性的領域，一個對我來說十分親切的領域。小說家有他的界限，出了這個界限他就無法再對自己的小說講理論了，這時候他就必須知道如何緘口不言。我們已來到了這個界限。」[17]

在這裡，昆德拉實際上是用了一個冠冕堂皇的遁辭，以掩飾他許多放縱的性描寫成分的動機，因為十分明顯，有些描寫是不能

用簡單的一句「透視人性」就能加以圓滿解釋的。不過，用作者的享樂主義來解釋，同樣顯得缺乏說服力，因為在這些性描寫中，處處表現出的與其說是享樂，不如說是噁心。在很多關於色情的內容敘述中，我們可以明明白白地感受到作者的反感。

事實上，有很多時候，昆德拉是在用異化的「情慾」，抗議異化的政治。只是由於他多次堅決否認自己對政治的關心，堅決否認自己作品中的政治主題，使許多喜歡昆德拉作品中、尊敬昆德拉藝術的人對此有點視而不見而已。

無論是從情理上，還是從邏輯上講，一個在政治鬥爭起伏，在意識形態鬥爭中度過了自己青春年華的人，一個因政治原因而遠走異國他鄉，並被祖國取消了國籍的、高度敏感的人，怎麼可能是「不關心政治的」？他在何種意義上「不關心政治」？即使他真的在理智上超脫政治，並且有完全合乎理性的解釋，那麼在半理性狀態、或者在昆德拉所謂

的「非理性」狀態下，例如在看似遊戲的性描寫中，昆德拉的政治關注還是難以掩飾的，甚至是完全不加掩飾的。

在《玩笑》第十章，昆德拉在描寫路德維克在懲戒營中的苦役生活時，就插入了這樣一段「色情」的遊戲之筆。其中寫了一個有點繪畫才能的苦役犯，名叫切內克。到懲戒營一年以來，畫了很多大型壁畫。因此他總是受青睞。他最崇拜的人，是捷克愛國將領約翰‧齊次卡，還有就是齊次卡手下的兵。切內克爲了讓大家高興，就在那些兵士旁邊畫了一個裸體女人，他告訴長官說，這個裸體女人是「自由」或「祖國的象徵」。有一次，懲戒營調來一位更年輕，革命性也更徹底的新長官，這位新來的長官也決定要讓切內克來效勞，派人把他叫去，要他畫點東西來美化那個專門用於上政治教育課的大廳。新長官告誡切內克說，這回得丟掉齊次卡的那一套陳芝麻爛穀子，而要「富於時代感」，畫面應當以紅軍與我們工人階級大團結

爲題材，還要反映紅軍在二月社會主義革命
中的重要作用。切內克當時說「是，首長！」
於是立即就動手幹了起來。他把好幾張大幅
白紙鋪在地上，一連忙碌了好幾個下午，終
於用他的畫蓋住了教室後面整個牆面。小說
描寫道：

> 當我們發現畫已完成的時候，（少說也
> 有一米五高，八米長）大家一片寂靜：
> 原來畫面中央畫著一個穿得厚厚的蘇聯
> 士兵，顯得像個英雄一樣，胸前掛著一
> 支衝鋒槍，毛皮帽子一直遮到耳朵，他
> 的周圍有八個裸女像，有兩個挨著他，
> 用一種挑逗的神情向他望著；而他則摟
> 住了她們各人的肩膀，那肥頭大耳的臉
> 上堆滿了猥褻的笑。其他的裸女在周圍
> 向他獻著殷勤，有的向他伸著雙臂，有
> 的就那麼站著（也有一個躺著的），展示
> 著她們美麗的形體。

> 當時大廳裡只有懲戒營的營員們，大家

等著專員的到來。切內克就站在他的壁畫前
大加發揮：「嗯，中士右邊的這位是阿蕾
娜，諸位，她是我一生中的第一個女人，她
把我弄到手的時候，我才十六歲，當時她是
一個士官的老婆，所以她在這個位置上是再
合適不過的了。我這裡畫的是她當年的模
樣，今天她肯定沒有這麼漂亮了，你們根據
她的臀部（他用手指點著那女人的臀部）大
概就可以看出那個時期她已經發福。由於她
當時從背面看要美得多，所以我又畫了她一
次，看那兒！（他朝著畫幅的一頭走去，用
手指指一個背朝著觀眾的女人，她似乎正朝
著某個地方走去。）他們看，她的臀部多麼
氣派，可能尺寸稍微大了一點，但正是咱們
喜歡的模樣。那個時候，我是個真正的笨
蛋，我還記得她特別喜歡人打她的屁股，而
我就不明白她的意思。有一次她說，來打姑
奶奶，來呀，別怕；我呢，我輕輕地碰她，
打在她的裙子上，她大聲喊道：你的打就是
這樣嗎？得了，給你娘的撩起裙子來，我可

不是得遵命嗎！後來我把她褲子拉下來，我
這個蠢東西，還是做出打的樣子，一句話，
我那時眞是一個可憐的傻瓜蛋……。再看那
個，（他指著中士左邊的那個女人）她叫洛
茲卡，當我跟她好的時候，我已經長大點兒
了，她那時候有兩個小小的乳房（他用手指
著），兩腿很長（他用手拍著兩腿），她有一
張漂亮得要命的臉蛋（他又用手指著），她和
我在學校裡是同年級的。至於那一個，在那
兒，她是我們裝潢美術學院的模特兒，我對
她絕對記得清楚，還有二十個同學也跟我一
樣，因爲她是站在教室當中擺姿勢，我們就
是按她的樣子來做人體素描練習，可沒有一
個人去碰她的，每次她的媽媽都等在門口，
馬上把她帶回家去；但願上帝寬恕這個姑
娘，我們這些小夥子可從來也沒碰過她，憑
良心講。先生們，那邊那個就不大一樣了，
那是一個騷貨，（他指著一個懶洋洋地躺在
一張怪模怪樣沙發上的女人。）過來，你們
來看，她的脖子上有一個黑點，這個點你們

看見了嗎？這個點是用煙頭燙出來的。據說
是被她的女主人，一個愛妒忌的女人燙出來
的，因爲那個女人，諸位，通陰陽兩性，她
那下身，簡直是架手風琴箱，先生們，無論
什麼都進得去，我們這些人可以統統都進
去，我們大家，還可以帶著我們的妻子，我
們的姑娘，我們的兒女們、父母、曾祖父母
⋯⋯」

　　大家聽得非常入神，眼看著切內克正要
進入他那報告最精彩的部分，政委走進了教
室，所以大家不得不回到了板凳上。昆德拉
以小說主角路德維克的口吻寫道：

　　前一個長官在的時候，政委就習慣了切
　　內克的作品，所以對這幅新畫絲毫也無
　　動於衷，馬上高聲朗讀起一本小冊子，
　　裡面大談社會主義軍隊和資本主義軍隊
　　之間有什麼不同。切內克的講解還在我
　　們的腦海裡迴旋；我們沈浸在一種甜蜜
　　的遐想中。在這時那個孩子氣的首長突

然出現在教室裡，他來肯定是聽學習會
的，但是他還沒有來得及接受政治委員
那刻板的報告的教育，也還沒來得及命
令『稍息！請繼續！』就已經把牆上那
幅大型壁畫盡收眼底，甚至他沒有讓政
治委員接著朗讀，就朝切內克衝了過
去：『這是什麼意思！這玩意兒？』切
內克跳起來，在他的作品面前站得筆
直，報告說：『象徵紅軍為我們人民而
鬥爭的偉大；這兒（他指著中士），這就
是紅軍，他兩旁，一個是工人階級的象
徵（他指著士官的老婆），一個是歡樂的
二月（他指著寫生室裡面的姑娘），這兒
（他指著其他的女人）是自由女神和勝利
女神，那邊一個平等的化身；現在再看
這兒（他指著後背向外的士官老婆說），
我們可以看到資產階級正在退出歷史舞
臺。』切內克住了嘴，上尉（孩子氣的
首長）宣布說這幅畫是對紅軍的污辱，
應當馬上把它拿掉。至於切內克，等候

處理。我小聲地自言自語道：『為什麼』，上尉聽見了，問我是不是有問題要提，我站起來說這幅畫我很喜歡，上尉說他毫不懷疑，因為這些畫是專門畫給那些玩手淫的傢伙看的，我說嚴肅藝術家米斯爾貝克[18]也曾經把自由塑為裸體女人，我又說，伊澤拉河[19]在阿爾斯的著名畫幅上也是以三位裸體像來表現的，所有的畫家們在任何時代都是一樣這麼做的。

毛頭上尉朝我瞥了一眼，有些不知如何是好，他又再次下令拉扯這幅畫。然而大概我們還是多少把他說動了，因為他沒有處罰切內克，不過他記恨切內克，還有我。後來沒有多久，切內克還是受了軍紀處分，不久，我也是。

這裡，昆德拉既寫了性的壓抑，也寫了政治的壓抑，他是用透過扭曲的性心理來表現一種扭曲的政治環境。通過這種典型的

「小說藝術」手法，昆德拉用他所熟悉的藝術
心理學進行了直露的政治諷刺。

　　與一般的載道文章或抗議式文學不同的
在於：在這種近於漫畫式的調侃中，寄寓著
昆德拉對人的沈重思考和對人生辛酸的感
受。從極端的戲謔中尋找極其嚴肅的思想，
將是我們走近昆德拉，理解昆德拉的關鍵。
而要把握這一關鍵，我們就必須和昆德拉一
起，透過性愛與政治等種種生活現象的纏
繞，直視生活本身，對「存在」進行詩意的
沈思。

註釋

1. 萬千《笑與忘的變奏曲——中譯本序》。

2. 《〈笑忘錄〉英譯版後記——菲利普‧羅思與〈笑忘錄〉作者的對話》，艾曉明編譯《小說的智慧》，第142頁。

3. 《〈笑忘錄〉英譯版後記——菲利普‧羅思與〈笑忘錄〉作者的對話》，艾曉明編譯《小說的智慧》，第142頁。

4. 《笑忘錄》中譯本，第1-2頁

5. 《笑忘錄》第一部第17章，中譯本，第23頁。

6. 《笑忘錄》英譯版後記，艾曉明編譯《小說的智慧——認識米蘭‧昆德拉》，第143頁。

7. 《笑忘錄》第3部第4章，中譯本，第67-68頁。

8. 《笑忘錄》英文版後記，艾曉明編譯《小說的智慧——認識米蘭‧昆德拉》，第142頁。

9. 《笑忘錄》英文版後記，艾曉明編譯《小說的智慧——認識米蘭‧昆德拉》，第145頁。

10.因此，有的傳播學者還以這一部分小說的描寫作爲傳播研究的一個案例。美國珀達（Purdue）大學傳播學副教授奧斯丁・S・巴布勞（Austin S・ Babrow）題爲《交流與可疑的整合》（*Communication and Problematic Integration: Milan Kundera's*）"Lost Letters" in The Book of Laughter and Forgetting）的論文，就是以昆德拉《笑忘書》中〈失去的信件〉部分爲例證來展開研究的。這篇論文的主題是研究人際交流的障礙問題，最初發表在《傳播專刊》（*Communication Monographs*）1995年12月號上。參見《對話的靈光》，第535頁起，李豔譯。

11.米蘭・昆德拉《玩笑・自序》。

12.《玩笑》第9章。

13.《玩笑》第9章。

14.《玩笑》第8章。

15.《玩笑》第8章。

16.《米蘭・昆德拉談話錄》，楊樂雲譯，《對話的靈光》，第491-492頁。

17.《米蘭·昆德拉談話錄》，楊樂雲譯，《對話的靈光》，第490-493頁。

18.捷克19世紀雕塑家。

19.奧匈帝國時代的捷克畫家。

第三章
對存在的詩意沈思

　　《生命中不能承受之輕》是昆德拉在思
想和藝術都最爲成熟的一部代表作，代表了
他小說藝術追求的最高成就。

　　很多人都覺得這本書的題目「生命中不
能承受之輕」顯得新穎別緻，有一種莫名的
吸引力，讓人忍不住想展卷閱讀。但是，讀
過之後，卻往往不能瞭解什麼是「生命中不
能承受之輕」，也不知道什麼是生命中的「輕」
和「重」，更不知道爲什麼「輕」是「不能承
受」的。甚至還有文科研究生問我：《生命
中不能承受之輕》中的人物好像都不堪重
負，爲什麼小說的題目偏偏叫做「生命中不
能承受之輕」？

　　首先，這裡有一個中文翻譯問題。中國
大陸中譯本所用的英文題目 "The Unbearable
Lightness of Being"，本是一種富有存在論色
彩的說法。其中的「生命」，更準確地講，應
該譯爲「存在」（Being）。「存在」與「生命」
在某些具體的使用中有大致相近的意義，但
它們卻有各不相同的思想背景，因此涵義也

大有區別。如果考慮到昆德拉深受海德格
（Martin Heidegger）等存在主義大師的影
響，而海德格又對「存在」（Sein）、「此在」
（作爲人的緣在，Dasein）作出了重要的區
分，他曾經認爲是應該透過「此在」來瞭解
「存在」還是透過「存在」來解釋「此在」而
苦惱，「存在」之不同於「生命」，可更加明
顯了。

　　其次，譯作《生命中不能承受之輕》，
容易讓人瞭解爲小說中涉及的「輕」與「重」
都是生命中的一些什麼事物，一些外在於我
們生命的某些輕或重的東西，就像背包、手
提袋一樣是我們可以隨手拿起或放下的東
西。但是，從《生命中不能承受之輕》一開
頭，托馬斯的那段著名的獨白中我們就知
道，小說涉及的，並不是在「生命中」有什
麼「輕」與「重」的東西可供自由選擇，而
是生命（存在）本身的輕與重問題。整部小
說的展開，也就是托馬斯等人的生命存在，
在「輕」與「重」之間的搖擺，他們發現，

不論是「輕」還是「重」，都讓人難以承受。英譯的介詞片語 "of Being" 並不能換成 "in Being"，兩者之間在語義上的微妙差別，實際上反映了思想方式是否達到了昆德拉想引導我們到達的存在論哲學的層面。

所以，不僅譯作《生命中不能承受之輕》有問題，就像是有人譯的《存在中不能承受之輕》，問題也還在。而香港中譯本的譯法：《難忍存在的輕》，相對顯得準確一些。當然，翻譯家要全面考慮譯文的信、達、雅，在當代社會裡，還要考慮到通俗好懂，所以他們的各種譯法都會有他們自己的理由。這裡來討論譯法問題，不是表示我有資格批評別人的譯文，而是為了把昆德拉小說的存在論背景展示出來。無論如何，「對存在的詩意沈思」，是昆德拉小說藝術對人類的最偉大貢獻，而他的某些具體的思想細節、藝術傾向，也許還可以有見仁見智的爭論。

一、探究「存在之謎」

　　「存在」（Being, Sein）是存在主義、
現象學的一個中心哲學範疇，它是一個動名
詞，是西方語言中連接主語和謂語結構的
「係詞」的動名詞。人們在不斷地說甲物存
在，乙物存在，而現代哲學家們想知道的
是：那麼「存在」究竟意味著什麼？就是
說，他們想知道存在的意義。由於人也是一
種存在，而且因爲人這種存在，才可能有對
存在意義的理解問題，所以，透過探究人的
存在來探究存在的意義，就成了存在主義哲
學家的重要任務。人的存在，即所謂「此在」
或「緣在」（Dasein），於是就成了存在主義
哲學的中心課題。[1]也許就是在這個意義上，
「存在」的意義大致相當於「生命」的意義。
但是，當我們追問生命的意義的時候必須注

意，不要把它作爲一種既定不變的外在意
義，而要按其動名詞的提示，把握其發生、
創化的意義，或者說意義之發生、創化。

　　從這人角度我們可以看到，昆德拉在小
說中所考察的「笑」與「忘」、「性愛」與
「政治」等等，其實都是一種海德格式的探
究，即對人的存在之謎的探究。不僅在重視
「對存在的探究」這一點上昆德拉深受存在主
義哲學的影響，就是在一些具體的結論和提
法上，昆德拉的許多言論也帶有鮮明的存在
主義哲學的色彩。譬如他說，「生活是一個
陷阱：我們並沒有要求出生，就生下來，被
禁閉在我們從未選擇的肉體裡，並注定要死
亡」，[2]從思想到表述方式，都可以看到存在
主義者們對「被拋狀態」的討論。

　　《生命中不能承受之輕》的描寫主要在
四個人物之間展開：著名外科醫生托馬斯，
有眾多的情人，但他只與情人們保持所謂的
「性友誼」關係，卻不允許她們任何一人的關
係發展到可以在他自己的家裡過夜，以確保

「性友誼」不發展為「帶侵略性的愛」。然而
他卻十分偶然地結識了小鎮旅店女招待特麗
莎，並十分偶然地與她結了婚，特麗莎成了
他的第二任妻子。畫家薩賓娜，托馬斯的情
人中可以引為知音的人，但她同時也是瑞士
某大學講師弗蘭茨的情人，後來還成了特麗
莎的朋友。

托馬斯與特麗莎都經歷了1968年捷克發
生的政治動盪，他們逃亡異國後又回到祖
國。薩賓娜雖然一直生活在國外，但與捷克
國內保持著牢固的精神聯繫。而瑞士講師弗
蘭茨也由於薩賓娜而與捷克形成了某種思想
感情上的關聯。顯然，作品中的人物經歷實
際上也是昆德拉自己的親身經歷和感受的某
種投射。

但是，《生命中不能承受之輕》與他之
前的作品有一個很大的不同，就是自傳性內
容明顯減少了。這種減少，意味著他的小說
藝術在進一步地擺脫「寫實」、「抒情」的路
線，更直接地探入到人的存在之中。對這一

點，昆德拉是非常自覺的。他在小說《生命中不能承受之輕》中加入了作者自己創作觀的直接表白：「小說不是作家的自白；它是在世界已經變成了陷阱時，對陷阱中人類生活的探究。」他的這一提示，受到了評論家的注意。[3]

昆德拉說過，「無論有意還是無意，每一部小說都要回答這個問題：『人的存在』究竟是什麼？其真意何在？」[4]昆德拉小說裡的人物實際上並不像一般文學理論所講的那樣，是為了對現實作反映，更準確地講，他（她）們都可以稱作「實驗性的自我」，因為他（她）們是其實是對存在的某個方面的疑問。例如，在《生命中不能承受之輕》中，托馬斯大夫是對存在之輕的疑問，特麗莎是對靈與肉的疑問。事實上，它們都是作者自己的疑問，推而廣之，也是每一個自我對於存在所可能具有的一些根本性困惑，昆德拉為之設計了相應的人物和情境，而小說的展開便是對這些疑問的深入追究。

　　「存在之輕」就是世界意義缺乏而致的
空虛，人生因爲的空虛而輕飄無根，所以讓
人不能承受。在「上帝已經死了」的西方文
化背景下，人不再是「萬物的靈長」。那麼誰
是主人呢？這個世界沒有任何主人，地球在
空無中運行。這就是存在的不可承受之輕。
因此，「存在之輕」的涵義與「上帝死了」
命題一脈相承，它們都指向人生根本價值的
失落。對於托馬斯來說，人生實質的空無突
出地表現在他的一生受著偶然性支配，使得
一切眞正的選擇成爲不可能，而他所愛上的
特麗莎便是絕對偶然性的化身。而特麗莎之
所以受著「靈」與「肉」問題的困擾，是托
馬斯既愛她，同時又與眾多女人發生性關係
這一情境交織在一起。兩位主角各自代表對
存在的一個基本困惑，同時又構成誘發對方
困惑的一個基本情境。在這樣一種頗爲巧妙
的結構中，昆德拉把人物的性格和存在的思
考同步推向了深入。這樣，昆德拉就以其特
有的「小說智慧」展開了對存在之謎的探

問。

　　事實上，從早期作品開始，存在的不可
承受之輕的問題就不斷地被昆德拉表現著、
探究著。在《可笑的愛情》中，當《愛德華
與上帝》的主角愛德華與愛麗絲第一次做愛
之後，被一種奇怪的不適感所困擾。他看著
他的女友，感到她的信仰不過是外在於她的
命運的某種東西，而她的命運也只是外在於
她的身體的某種東西。那麼她是什麼？他覺
得她只是一個身體、一些想法和某個生命過
程的偶然結合。一種隨意而不定的偶然結
合。另一個短篇《搭錯車的遊戲》中，女主
角由於不能確切地把握自己的身分，以致於
如此地心煩意亂，她嗚咽著說：「我是我，
我是我，我是我⋯⋯」。

　　所以，從探究存在之謎的意義上講，
《生命中不能承受之輕》的主題是昆德拉早期
小說作品主題的一種延續。在《生命中不能
承受之輕》中，特麗莎常常對著鏡子審視自
己：

她瞧著自己，她想知道，如果她的鼻子
一天長一毫米的話她會是個什麼樣子，
要多久她的臉才能變得像別人一樣？
如果她身體的各個部分有的長大，有的
縮小，那麼特麗莎看上去就不再像她自
己了，她還會是自己嗎？她還是特麗莎
嗎？
當然，即使特麗莎完全不像特麗莎，體
內的靈魂將依然如故，而且會驚訝地注
視她身體的每個變化。
那麼，特麗莎與她身體之間有什麼關係
呢？她的身體有權利稱自己為特麗莎嗎？
如果不可以，這個名字是誰呢？僅僅是
某種非物質和無形的東西嗎？
……特麗莎站在鏡子前面迷惑不解，看
著自己的身體像看一個異物，一個指定
是她而非別人的異物。[5]

昆德拉之所以著迷於「存在之謎」，之
所以要用這種近幾乎禪宗式的語言來描述和

分析人的存在，是因為他看到了現代人的深
刻的精神危機，並深深地為此而擔憂。這一
危機就是：「存在的被遺忘」。

二、「小說的智慧」：詩意
地沈思「存在」

　　昆德拉曾經深有感觸地在他的文章中提
到現象學家胡塞爾（Edmund Husserl）在去
世前三年於維也納和布拉格作了關於歐洲人
的危機的著名演講。胡塞爾所說的歐洲，並
不是指地理上的歐洲，而是精神上的歐洲，
也就是現在正在席捲全球的西方文化。在胡
塞爾看來，當代歐洲的危機是如此深刻，以
致於他不知道歐洲是否還能度過這次危機而
倖存。歐洲的這場危機始於現代世紀的開
始，在伽利略和笛卡耳那裡，在歐洲科學的
片面性中，就埋下了這一危機的種子。

　　歐洲科學把世界簡單地歸結為單純的技術研究和數學研究的物件，而把具體的「生命世界」置於它的視野之外。昆德拉寫道：

> 科學的興起把人類推進了專業分科的隧道。人在知識上越進步，他對作為一個整體的世界和他自己的自我就愈不清楚，他被擲入了胡塞爾的學生海德格在漂亮而又近乎神奇的短語中所說的『存在的被遺忘』之中。
>
> 曾被笛卡耳提昇到『大自然的評價和所有者』這一高度的人，現在相對於各種力量（技術、政治、歷史）來說，成了十足的物，這些力量撇開他，超過他，占有他。對於這些力量，人的具體存在，他的『生命世界』既沒有價值也沒有趣味：它黯然失色，從一開始就被遺忘。[6]

　　昆德拉強調說，由胡塞爾和海德格提出的「存在的遺忘」問題，並不能簡單地當成

是對現代世紀的一種譴責，而是兩位偉大哲
學家對我們這個時代的多重性的揭示。「它
既是衰落也是進步，像人類的所有方面一
樣，在它的開端就埋下了終結的種子。」[7]這
種多重性也正是使昆德拉醉心於歐洲文化的
重要原因。

　　其實，由海德格提出的，使昆德拉感到
焦慮不安的「存在的被遺忘」並不僅僅是歐
洲的危機，或者西方文化的危機。由於全球
一體化的形成和西方文化的入侵，也由於我
們自己文化中固有的「遺忘基因」的被啓
動，人類社會，包括我們自己的文化在內，
同時面臨著這樣一種精神的危機。我們以自
己的親歷親證，見證了這一危機。周國平先
生在所談到的強烈體驗，相信是有相當普遍
性的。周國平先生說：

　　縮減彷彿是一種宿命。我們剛剛告別生
　活一切領域縮減為政治的時代，一個新
　的縮減漩渦又更加有力地罩住了我們。

在這個旋渦中，愛情縮減為性，友誼縮減為交際和公共關係，讀書和思考縮減為看電視，大自然縮減為豪華賓館裡的室內風景，對土地的依戀縮減為旅遊業，真正的精神冒險縮減為假冒險的遊樂設施。總之，一切精神價值都縮減成了實用價值，永恒的懷念和追求縮減成了當下的官能享受。當我看到孩子們不再玩沙和泥土，而是玩電子遊戲機，不再知道白雪公主，而是津津樂道卡通片裡的機器人的時候，我心中明白一個真正可怕的過程正在地球上悄悄進行。我也懂得了昆德拉說這話的沈痛：「明天當自然從地球上消失的時候，誰會發現呢？……末日並不是世界末日的爆炸，也許沒有什麼比末日更為平靜的了。」我知道他絕非危言聳聽，因為和自然一起消失的還有我們的靈魂，我們的整個心靈生活。上帝之死不足以構成末日，真正的世界末日是在人不圖自救、不復

尋求生命意義的那一天到來的。[8]

　　探究存在之謎並不是哲學家的專利，它可以有多種方式，例如哲學的方式和小說的方式，它們分別表現了人類的哲學智慧和小說智慧。而且小說的智慧與哲學的智慧並不是可以相互取代的。在昆德拉看來，正是哲學家、科學家和小說一起，共同創造了歐洲精神。現代歐洲精神的創立者不僅是笛卡耳，同時還有小說家塞萬提斯。「如果說哲學和科學確實已經忘記了人的存在，那麼這一點則是不言而喻的，即隨著塞萬提斯的出現，一種偉大的歐洲藝術形成了，這種藝術不是別的，正是對被遺忘了的存在的探詢。」基於這種認識，昆德拉分析了小說在歐洲再生的四個世紀對存在之謎的探詢成就。他認為，所有海德格在《存在與時間》中分析過的、被以前所有哲學家所忽視的重要的存在課題，都在四個世紀的歐洲小說中得以揭示、描繪、闡明過。「小說以它自己的方

式、通過它自己的邏輯，依次發現了存在的
各種不同的向度：在塞萬提斯（Cerrantes,
1547-1616）和他的同時代人的觀點裡，它質
詢冒險的本質；在理查森（Samuel
Richardson, 1689-1761）的觀點裡，它考察
『在內心裡發生了什麼？』開始揭示情感的秘
密生活；在巴爾扎克（Balzac, 1799-1850）
的觀點裡，它發現了人在歷史中的根柢；在
福樓拜（Gustave Fulaubert, 1821-1880）的觀
點裡，它探討了以前不知道的日常生活的領
域；在托爾斯泰（Leo Vikolaevich Tolstoy,
1882-1910）的觀點裡，它集中了注意於人類
行爲決定中非理性因素的侵入，它探究時
間；在普魯斯特（Mrcel Proust, 1871-1922）
的觀點裡，它探究的是難以捉摸的過去；在
喬伊斯（James Joyce, 1882-1941）的觀點
裡，它探究的是難以捉摸的現在；現在在托
馬斯‧曼（Thomas Mann, 1875-1955）的觀
點裡，它考察了控制我們現在行爲的、來自
遙遠過去的神話的作用，諸如此類，不一而

足。」就這樣，自現代開始以來，小說一直不間斷地、忠實地伴隨著人。它詳細考察了人的具體生命，保護人的具體生命，以抵抗「存在的被遺忘」，使喚生命的世界映照在持續不滅的光亮下。由此，昆德拉進一步論斷說：

> 小說唯一的存在理由就是去發現唯有小說才能發現的東西。一部不去發現迄今為止尚未為人所知的存在的構成的小說是不道德的，認識是小說唯一的道德。[9]

當然，這種「認識」是小說特有的，它不同於哲學的「認識」，更不同於科學的認為。正是由於這種不同，小說才獲得了它存在的理由：發現唯有小說才能發現的東西。昆德拉把這種只有小說才有的認識功能稱為「小說的智慧」。有了「小說的智慧」，小說才獲得了它的獨立性，而不至成為某種行為、宣言或立場觀點的附屬品。我們還記得巴爾扎克、托爾斯泰等在創作上超越自己的認識

偏見而在小說中得出深刻洞見的著名例子。
巴爾扎克在政治上是一個正統派，他的全部
同情都在注定要滅亡的那個階級方面，他的
作品是對上流社會必然滅亡的一曲無盡的輓
歌。但是，當他讓所深切同情的那些貴族男
女行動的時候，他的嘲笑是空前尖苛的，而
他毫不掩飾地加以讚賞的人物，卻正是他政
治上的死對頭，這樣，巴爾扎克就不得不違
反了自己的階級同情和政治偏見。與此類
似，托爾斯泰的婦女觀是正統而保守的，他
主張把要求解放的婦女綁在四輪馬車上示
眾。當托爾斯泰寫《安娜‧卡列尼娜》的第
一稿時，安娜還是一個墮落的女人。她的悲
劇完全是咎由自取。而小說的定稿中，安娜
除有著美麗的外表，還有著美麗的靈魂。她
的不幸令人同情。恩格斯（Friedrich Engels））
把這種現象稱爲「現實主義的最偉大勝利之
一」，[10]而昆德拉則認爲這是「小說的智慧」
不同於哲學、政治、科學等智慧的一種表
現，藉用恩格斯的話來說，應該講這是「小

說智慧」的偉大勝利。昆德拉並不相信作者
托爾斯泰在創作中修正了他的道德觀念，他
認爲，是托爾斯泰在寫作過程中「傾聽了另
一種聲音」而不是他「個人道德資訊的聲
音」，這種聲音，就是昆德拉所說的「小說的
智慧」。昆德拉說：

> 每一位真正的小說家都等著聽那超個人
> 的智慧之聲，這也解釋了爲什麼偉大的
> 小說常常比它們的創作者們更聰明一
> 些。那些比他們的作品更聰明的作家應
> 該考慮另一條創作路線。[11]

那麼昆德拉所謂的「小說的智慧」究竟
與人類的其他智慧形態有什麼不同呢？

從昆德拉的論述和創作實踐來看，「小
說的智慧」最突出的特徵有兩部分，我們可
以把它們叫做「複雜性」和「情境性」。

所謂複雜性，就是昆德拉所說的「不確
定的智慧」。昆德拉認爲，世界並不是像人們
想像的那樣是一個確定的、善惡分明的世

界，而是一個多重模糊的世界。塞萬提斯的
偉大，就在於他敢於面對這樣一個世界。在
昆德拉看來，塞萬提斯的價值既不是對理想
主義的批評，也不是對理想主義的頌揚，因
爲塞萬提斯的精髓並不是一種道德立場，而
是一種對清晰、絕對的世界觀和價值體系的
質疑。昆德拉說，像塞萬提斯那樣，把世界
如其所是地看成一個「多重模糊的」、「矛盾
百出的各種眞理的混合體」，「把某種不確定
的智慧作爲唯一的確定性」，這是需要很大的
勇氣的。人類渴望一個善惡分明的世界，因
爲他們天生有一種在瞭解之前作出判斷的強
烈願望。宗教和意識形態者建立在這種願望
之上。當他們以這種方式來對待小說的時
候，必然會把小說相對的、模糊的語言翻譯
成他們自己絕對的、肯定的、教條式的語
言。他們要求總得有人是正確的，或者卡列
尼娜是一個頭腦狹隘暴君的犧牲者，或者卡
列寧是一個不道德女人的犧牲者；或者K是
被不公正的法庭毀滅的無辜的人，或者法庭

代表了神聖的正義，而K是有罪的。

昆德拉認為，這種「是或不是」的思維模式，代表了人的一種無能，代表了人類「無能容忍人類事物最基本的相對性，無能正視上帝的不存在。這種無能使得小說的智慧（不確定性的智慧）難於接受和瞭解。」[12]

西方形而上學思維所設定的地球歷史的統一性，被昆德拉稱為「人道主義的夢想」。伴隨著這一夢想，世界開始了被簡單化的過程。我們還記得「理論是灰色的，而生命之樹是長青的」的這句格言，我們知道理論作為簡單化的產物必然與無限豐富的生命世界相背離。然而，簡單化的白蟻卻常常吞齧著我們的生命。昆德拉說，現代社會「把人的生命簡化為它的社會功能；把一個民族的歷史簡化為一些小型的事件；而這些事件又被簡化為只是兩個全球性強權國家的對抗，人被拉進了一個真正的簡單化的漩渦，在其中，胡塞爾的『生命世界』無可救藥地被遮蔽了，存在已被遺忘了。」 在此情況下，小

說的複雜性精神擔負著對抗世界的簡單化思維的責任。每一部眞正的小說都在對讀者說，事情並不像你想像的那麼簡單。昆德拉把這種複雜性精神稱爲「小說的永恒眞理」。13

　　昆德拉非常喜歡一句猶太諺語：「人一思索，上帝就發笑」，他說小說藝術就是上帝笑聲的迴響。猶太諺語表明了人的有限智力加上簡單化思維方式在面對複雜眞理時的愚笨，當他們按照自己的方式思索眞理的時候，他們愈是思索，就愈是遠離眞理。所以他們愈是煞有其事地思考著眞理的時候，就愈是可笑。而小說的智慧就是人類在自知有限性時所採取的一種智慧，所以它是上帝笑聲的迴聲。

　　作爲上帝笑聲之迴響的小說，小說又將如何如其所是地探究這個複雜的世界？昆德拉所採取的是一種與複雜精神相應的非獨斷的智慧。他的小說對存在的思考是疑問式的，假設式的。因此，昆德拉在他的小說中

成了一位調侃能手，他調侃理想、愛情、政
治、歷史，調侃一切神聖的和非神聖的事
物，籍此把一切價值置於疑問之中。這種貌
似不恭，卻蘊藏著一種根本性的嚴肅的風
格，就是人們常常講的「輕浮的形式與嚴肅
的內容結合。」這是昆德拉作爲一個眞正藝
術家的重要價值所在，也是他與輕浮的通俗
搞笑之間的根本區別。

　　所謂「情境性」，是指小說透過具體的
情境展開和分析，來探究存在之謎，這是小
說區別於哲學的重要特徵。正是有了「情境
性」，小說對存在的思索才是「詩意的」，而
不是哲學的。爲了避免走意識流小說等以心
理描寫來構成小說內容的道路，直接抓住存
在問題的根本，昆德拉在《生命中不能承受
之輕》中，以托馬斯對「永劫回歸」問題的
大段思索開始整部小說，這使一些人認爲這
部小說開始於抽象的哲學思想。但是，昆德
拉對存在問題的探索與哲學們對存在問題的
探索最大的不同，就是他從不抽象地探索存

在，而是始終處於某種小說的具體情境中，
始終透過具體人物的具體情境來開展他對存
在的詢問。

《生命中不能承受之輕》的確是從關於
世界的「永劫回歸」的思索開始的，然而小
說並沒有抽象地、一般化地提問和思索，而
是從一開始就把讀者帶入了托馬斯這個人物
具體境況之中，是托馬斯的基本境況，托馬
斯關於存在的困惑和苦惱，把我們帶入了托
馬斯的基本問題，當然也是我們大家的基本
問題：一個沒有永劫回歸的世界中存在之
輕。在小說的展開過程中，昆德拉既沒有用
心理學式的方式，在人物的腦袋裡安裝一個
麥克風，以內心獨白的方式來展現人物心理
活動，也沒有以哲學的方式來分析存在為什
麼被遺忘或存在必須透過人的「親在」來加
以研究，抓住人物的「存在編碼」來思索存
在，這才是昆德拉「詩意地」沈思存在的根
本方式，是他小說藝術的根本方式。

昆德拉所謂的「存在編碼」，實際上是

由一些關鍵片語所組成的。對於特麗莎，它們是「肉體、靈魂、暈眩、軟弱、田園詩、天堂」。對於托馬斯，它們是「輕、重」。弗蘭茨和薩賓娜的存在編碼是：「女人、忠誠、背叛、音樂、黑暗、光明、遊行、美、國家、墓地、力量」。這些存在編碼總是在一定的具體情境中被考察、被定義，而不是被抽象地邏輯推導。例如，在《生命中不能承受之輕》中，特麗莎愛著托馬斯，與托馬斯生活在一起。特麗莎在自己的基本情境中所面臨的基本問題是：她離不開托馬斯，視托馬斯為生命的小島，而托馬斯則有眾多的情人，他堅信靈肉分離的「性友誼」。於是，特麗莎的愛要求她調動起自己全部的力量。突然，她堅持不下去了，她渴望退下來，退到她來的地方。昆德拉面對這一具體情境發問：這是怎麼回事？昆德拉找到的答案是：特麗莎是被「暈眩」壓倒了。那麼「暈眩」是什麼呢？昆德拉尋找定義並說：暈眩是「一個任性的、不可克服的且要倒下的慾

望」。但是昆德拉馬上又修正了他的定義，他
使定義更尖銳：暈眩是「弱者的陶醉」。昆德
拉透過這一定義要表明的是，「人意識到自
己的軟弱，他決定向軟弱讓步而不是勇敢地
克服它。他沈醉於軟弱，甚至希望變得更弱
一些，希望當著大家的面前倒在堂堂大街當
中，希望被擊倒，倒得爬不起來。」哲學家
總是希望研究所有人的存在，得出一個普遍
的結論。就是存在哲學家們，也總是以一個
思考者的「自我」身分來展開他對存在問題
的探討。而作為小說家的昆德拉只希望抓住
一個個別的存在來展示存在的可能性，而且
往往是虛構的「實驗性的」個別存在來展示
存在的某種可能性。

　　昆德拉說，「暈眩是瞭解特麗莎的關鍵
字之一。但它不是瞭解你或我的關鍵。而
你、我，我們都知道，這種暈眩至少對於我
們也是一種可能性，是存在的可能性之一。
我不能不創造特麗莎──一個『實驗性的自
我』，以瞭解這種可能性，瞭解暈眩。」[14]

　　在《生命中不能承受之輕》中，有這樣
一個歷史的插曲，表現了人的軟弱：捷克的
國家領導人杜布西克在被俄國軍隊逮捕、綁
架、監禁、威脅之後，被迫與布里茲涅夫談
判，然後回到布拉格，向捷克人民講話。他
在廣播講話中氣喘吁吁，在一句話中長時間
地、可怕地停頓。這個插曲在兩個小時以後
就被人們遺忘了，因為電臺的技術人員剪掉
了這一痛苦的停頓。但是昆德拉用小說把它
記住了，因為這一停頓正是「軟弱」的表
現，杜布西克面對布里茲涅夫與特麗莎面對
托馬斯一樣，束手無策，軟弱無力。所以任
何人面對更強大的力量時都是較弱的，沈醉
在軟弱中的特麗莎離開了托馬斯，回到布拉
格這個「弱者的城市」。昆德拉解釋說，「這
裡的歷史境況不是一個背景，一個在它之前
展示人類境況的舞臺布景，它本身就是一個
人類境況，一個逐漸形成的存在的境況。」
15

　　我們看到，「情境性」使小說仍然保持

了自己的故事性，使小說人物總在一定的情境中行動。但是不同的小說家對故事的處理方式是不同的：在小說史的早期，作家們只是簡單地講述故事，而後來的小說家們則愈來愈善於繪聲繪色地「描述」故事，並發展出了無數描述的技巧。昆德拉的貢獻在於：他並不是像過去的小說家那樣去「講述」或「描述」故事，而是去「沈思」他自己虛構的故事。而且他的這種「沈思」，是與現代社會的某種不思的傾向相對抗、相補充的。

三、昆德拉的四重奏：
　輕、重、背叛、媚俗

　　昆德拉的複雜性思維只是使他放棄了簡單的、絕對的觀看方式，但卻並沒有使他放棄簡明有力的美學形式的追求。昆德拉意識到，「對現代世界上存在的複雜性的包容要

求一種省略的。濃縮的技巧，否則你就會陷入長篇大論的陷阱。」[16]

事實上，昆德拉在小說藝術上的不懈追求，就是讓事物的複雜多義性，以交響樂般的美學結構展現出來。昆德拉在小說中努力避免傳統的線性敘述，而讓複雜的人物、事件同時地呈現出來，各部分相互獨立，同時又完美地統一在一起，構成了「複調」式的小說結構。

有的學者指出，《生命中不能承受之輕》中的四個主要人物相互獨立又相互關聯的故事，正好構成了一部完整的弦樂「四重奏」：托馬斯代表第一小提琴，特麗莎代表第二小提琴，薩賓娜代表中提琴，弗蘭茨代表大提琴。小說情節的展開，就像貝多芬晚年的四重奏一樣，一個樂句一個樂句地呈現，豐富多彩而又恰到好處。[17]

爲了更清楚地解讀這一輝煌的樂章，有的學者採取了更爲簡單直接的方式，把《生命中不能承受之輕》的四個主要人物分解爲

人類的四種生存狀況：托馬斯代表「輕」，特
麗莎代表「重」，薩賓娜代表「背叛」，弗蘭
茨代表「媚俗」。[18]這種解讀方式，對於抓住
人物的重點來說，無疑具有很大的方便性。
不過，如果在我們的解讀中操作不當，也有
違背昆德拉所強調的「複雜性」精神的危
險。而且，在昆德拉的小說中，尤其是在
《生命中不能承受之輕》中，一個人的「存在
編碼」是一組關鍵字，而不是一個關鍵字，
這就使問題複雜得多。按昆德拉自己的概
括，托馬斯的「存在編碼」就不只是有
「重」，同時也有「輕」；而特麗莎的編碼則
是長長的一組，即「肉體、靈魂、暈眩、軟
弱、田園詩、天堂」；弗蘭茨和薩賓娜的也
不少，它們是：「女人、忠誠、背叛、音
樂、黑暗、光明、遊行、美、國家、墓地、
力量」；這些關鍵字是弗蘭茨和薩賓娜共同
的，然而卻有完全相反的釋義，他們就在這
種相反中共存。

　　尤其要注意的是，昆德拉認爲托馬斯的

存在編碼是「輕」和「重」，而不是單一的
「輕」，這涉及我們對「生命中不能承受之輕」
這一命題的瞭解。實際上托馬斯的基本問題
也並不是單純的「輕」得無法承受，而是在
「輕」與「重」之間的不斷的艱難選擇。昆德
拉說過，「我並不是說『生命之輕是不能承
受的』，我說的是『生命不能承受之輕』。」
[19]如果要說不能承受的話，實際上「輕」與
「重」都讓人不能承受。

　　從表面看來，《生命中不能承受之輕》
以特麗莎和托馬斯夫婦的故事為中心展開情
節，從他們邂逅相遇到意外死亡，就像一部
愛情小說。而且最初的想法，也是透過特麗
莎和托馬斯的故事，我本想寫一部有關愛
情、偶然、嫉妒、忠誠、輕率、背叛的小
說。圍繞著特麗莎和托馬斯的中心形象，本
來也具有非常多的不同寫法，把它處理成不
同的題材。昆德拉說，他曾經在好幾個書名
之間猶豫不決，差一點選擇了《無經驗的星
球》。昆德拉解釋說：

有一次，托馬斯説：「一切造就人類生活本質的，就是構成這生活的事件僅僅發生一次。」永遠不會有重複，無論是事前還是事後，而且，不可能證實生活本身作出的決定是否正確。人的一生只是一幅草圖，它顯示出一種固有的無經驗和不成熟。但這是一種人們過於傾向把它忘卻的平庸。托馬斯這個人物是圍繞這樣一個主題而構思成的：他永遠不知道自己做得好還是不好，因為他只有一次生命，而且，他不可能後退。我躊躇不定，但我終於選擇了這個《生命中不能承受之輕》——小説中關於托馬斯，尤其是他的情婦薩賓娜[20]的另一個中心主題。薩賓娜是位藝術家，她一生過著從遺棄到遺棄，從一個地方漂泊到另一個地方，從背叛到背叛的生活，直到絕對的孤獨，直到她一貫嚮往的這種完全的輕。甚至她的死亡也將在輕的氣氛中發生，而她的骨灰也將在風中消散

......21

　　所以，「生命之輕」的壓力，實際上壓著每一個人，它是所有人物在人生舞臺上的共同背景。在這個背景中，托馬斯困於「輕」與「重」之間的選擇，特麗莎困於「靈」與「肉」的難於統一，在托馬斯對「輕」的追求中深陷於生命之「重」，並在「生命之重」中困於她自己的軟弱。薩賓娜困於「忠誠」與「背叛」，由於背景性的「生命之輕」，她陷入了為背叛而背叛的邏輯之中。弗蘭茨則自以為投身於「光明」與「黑暗」之間的大搏鬥，以「偉大的進軍」來展示自己固有的崇高，結果卻因為「生命之輕」的大背景而暴露了自己的「媚俗」，一切都顯出幾分內在的滑稽。

　　如果我們已經充分考慮到了「小說的智慧」所要求的複雜性精神，考慮到世界實際上處於模稜兩可中，而昆德拉追求的小說功能，就是讓人發現事物模糊性的話，那麼，

把《生命中不能承受之輕》作爲托馬斯的
「輕」，特麗莎的「重」，薩賓娜的「背叛」和
弗蘭茨的「媚俗」構成的「弦樂四重奏」還
是一種非常精彩的解讀方式。只是要注意，
上述四種樂器並不是簡單地疊加在一起，而
是在共同的背景中相互映照，相互共鳴，相
互滲透。

就像托馬斯與特麗莎互相成爲對方展開
自己存在的誘因和條件一樣，弗蘭茨和薩賓
娜，這對相反相成的情人在相愛時從來沒有
眞正地瞭解對方，但卻在極端的對立中相互
映照出對方的存在。

弗蘭茨認爲，忠誠在種種美德中應占最
高地位，因爲忠誠使眾多生命連爲一體。他
雖然認爲自己的婚姻是一個錯誤，認爲自己
與妻子的性生活不值一提，但卻不是爲自己
對妻子的背叛而內疚，對家裡作爲婚姻象徵
的神聖的婚床保持著敬畏，希望自己「與妻
子睡覺的床和與情人做愛的床在空間上要離
得越遠越好」。正因爲如此，他希望以自己對

他母親忠誠的感情來迷住薩賓娜，向薩賓娜
大談自己對母親的忠誠。

　　但是，弗蘭茨所不瞭解的是，薩賓娜實
際上更著迷於背叛。儘管薩賓娜也和大家一
樣，從幼年時候起，就受到「背叛是能夠想
得到的罪過中最爲可恨的一種」的教育，但
薩賓娜還是看不出「背叛」有什麼不好。背
叛意味著打亂原有的秩序，意味著進入未
知。而進入未知在薩賓娜看來正是最誘人
的。

　　「忠誠」這個詞使薩賓娜想起她的父
親，一個小鎮上的清教徒。是父親引導年幼
的薩賓娜走上了學習繪畫的道路。十四歲那
年，她以愛上一個與她一樣大的男孩和立體
畫派的方式來反叛自己的父親，反叛家庭，
直到她完成學業，隻身來到布拉格，完成了
對自己家庭的背叛。

　　然而這只是一個背叛的開始。當母親去
世，父親自殺之後，她又一次渴望背叛：她
離開丈夫，背叛捷克，背叛社會，背叛習

俗，背叛神聖，背叛一切人們習以爲常的或
認爲天經地義的東西。她甚至背叛自己的背
叛，她的背叛沒有目的，她只是爲了背叛。

　　然而這對中國民間所謂的「冤家」就這
樣生活在一起。薩賓娜反對媚俗的性格正是
以弗蘭茨的媚俗來實現的，而弗蘭茨無可救
藥的媚俗，卻又因薩賓娜的注視、甚至同謀
而得以成立。

　　我們注意到，昆德拉刻意在《生命中不
能承受之輕》中的一大部分內容題名爲《誤
解的詞》，以說明同樣的詞對不同的人是怎樣
意味著完全不同的現實，即使這些人的關係
猶如特麗莎和托馬斯，或弗朗茨和薩賓娜那
麼親近。昆德拉明確地宣稱：「小說應該毀
掉確定性」。正是由於對「確定性」的預設，
導致了作者與讀者之間的誤解。讀者直接問
小說家究竟想在小說中表現什麼主題一類的
問題，這對小說家來說是很尷尬的。昆德拉
深有感觸地說：「小說家的才智在於確定性
的缺乏，他們縈繞於腦際的念頭，就是把一

切肯定變換成疑問。小說家應該描繪世界的本來面目，即謎和悖論。」[22]

既然如此，我們對小說的解讀，也應該相應地面對謎和悖論，而不是確定的答案。

四、審視「媚俗」

在模糊和懷疑的對立面，就是昆德拉爲「媚俗」（Kitsch）的世界。昆德拉用他的小說，對存在中的媚俗現象進行了仔細、深入的審視。他描述媚俗，思考媚俗，以他獨創的小說藝術形式對媚俗進行深刻的批判。

在《生命中不能承受之輕》中，以「媚俗」爲生命主調的弗蘭茨恰好與以「背叛」爲生命的薩賓娜構成一組複調對應關係。弗蘭茨教授一生中都在媚俗，而薩賓娜生命唯一的目的就是不顧一切地反對媚俗，逃離人們要強加在她生活中的媚俗。隨著小說的展

開，薩賓娜和弗蘭茨以一種矛盾關係相互映
襯，相互照亮。

　　《生命中不能承受之輕》中對媚俗的最
集中的探究是從對「大便」（shit）的神學討
論開始的。[23]據《星期天時報》載：在第二
次世界大戰期間，史達林的兒子被德國人俘
虜，與一群英國軍官關在一起，並共用一個
廁所。英國軍官們不滿意史達林的兒子把廁
所弄得又臭又髒，要他把廁所弄乾淨，儘管
這是世界上最有權力之人的兒子的大便。於
是由提醒、抗議而至爭吵，最後鬧到集中營
的長官那裡，史達林的兒子希望集中營長官
主持公道。誰知這位高傲的德國人拒絕談論
大便問題，史達林的兒子不能忍受這種恥
辱，用最嚇人的俄國髒話破口大罵，然後飛
身撲向環繞著集中營的電網，觸電而亡。他
再也不會弄髒英國人的廁所了。

　　昆德拉對此分析道：

　　　如果遭受遺棄與享有特權是一回事，毫

無二致，如果崇高與低賤之間沒有區別，如果上帝的兒子[24]能忍受事關大便的評判，那麼人類存在便失去了其究竟向度，成為了不可承受的輕。當史達林的兒子朝電網跑去，將自己的身體投身電網時，這架電網在失去向度的世界裡被無邊無際的輕所襯托，像天秤的秤盤，遺憾可悲地升向空中。

史達林的兒子為大便獻出了生命。但是為大便而死並非無謂犧牲。那些為了向東方擴充領土而獻身的德國人，那些為了向西方擴展權勢而喪命的俄國人——是的，他們為某種愚昧的東西而死，死得既無意義，也不正當。在這次戰爭總的愚蠢中，史達林兒子的死是唯一傑出的形式上之死。

昆德拉稱為大便而死才是最有意義的，我們不能認為這僅僅是昆德拉對俄羅斯專制者的政治調侃。像大便這類與人的生命共

存、作爲我們生命現象組成部分的現象，是否值得人們面對？是否必然是卑下的？這就是大便的神學意義問題。

在中國，早就有人勇敢地宣稱「道在屎溺」，認爲神聖的佛是與大便同在的，說佛是「幹屎厥」，這是形而上意義上眾生平等的東方智慧。但在西方，這個問題就麻煩多了。因爲如果人是按照上帝的形象造的，那麼上帝就有腸子，就要排便，否則，人就不是按上帝的形象造的。爲了解決這個問題，有的智者乾脆地宣布：基督能吃能喝，但不排糞。到了西元4世紀，更有神學家否定了亞當和夏娃在伊甸園做愛的說法。因爲天堂裡應該沒有生理性的亢奮。於是，在天堂裡，要麼根本不排糞，要麼不把糞便看成令人反感的東西。

昆德拉推論說：「直到上帝把人逐出天堂，他才使人對『糞』便感到厭惡。人才開始遮羞，才開始揭開面罩，被一道強光照花雙眼。於是，緊接著厭惡感的取得，人的生

活中又引進了性亢奮。如果沒有糞便（從這個詞的原義和比喻意義來看），就不會有我們所知道的性愛，以及伴隨而來的心跳加快、兩眼昏花。」[25]在《生命中不能承受之輕》中以反叛為主調的薩賓娜就往往從自我褻瀆中獲得快感。小說中多次寫她半裸著身體，戴著圓頂禮帽，與穿戴整齊的托馬斯或弗蘭茨站在一起，並從鏡子裡觀看這一裝扮。昆德拉寫道：「她從鏡子裡看到自己時，因為她的自我褻瀆而亢奮。她突發奇想，似乎看到托馬斯戴著圓頂禮帽，正使自己坐在抽水馬桶上並看著自己排糞。她的心突然劇跳起來，幾近昏暈的邊緣。她把托馬斯拖倒在地毯上，立刻發出了性高潮的叫喊。」

　　昆德拉對這種存在現象的揭示，不僅是因為它存在，更是針對歐洲文化中一個基本的「創世紀」信念：世界的創造是合理的，人類的存在是美好的。這種無條件地認同生命存在的美學理想，就叫著「Kitsch（媚俗）」。在媚俗的世界裡，大便被否定，每個

人都表現出這事根本不存在的樣子。

於是，昆德拉給媚俗下了一個定義：
「媚俗就是制定人類生存中一個基本不能接受
範圍，並排拒來自它這個範圍內的一切。」
它「起源於無條件地認同生命存在」。

作爲人的存在一個組成部分，媚俗的
「無條件認同」和「把不能接受的東西排斥在
視野之外」是相輔相成的。爲了實現無條件
認同，就必須排斥一些無法認同的東西。

這種無條件認同與排斥的統一體，在一
段時間的蘇聯電影裡面有較爲典型的表現。
在戰後的蘇聯，人們心安理得地對美術院校
的學生解釋，蘇維埃社會已經是如此先進，
因而其基本衝突不再是好與壞的衝突，而是
好與更好的衝突！昆德拉寫道：

> 事實上，在那最嚴酷的時代，蘇聯電影
> 在所有「好與更好」的國家泛濫。電影
> 中充滿了不可信的純潔和高雅。兩個蘇
> 聯人之間可以出現的最大衝突，無非是

情人的誤會：他以為她不再愛他；她以
為他不再愛她。但在最後一幕，兩人都
投入對方的懷抱，幸福的熱淚在臉上流
淌。

　　對此的一般的解釋是，這是一種理想的
表現，當然會高於現實生活。但這種解釋與
它解釋的電影一樣，是一種典型的蘇式媚
俗。無條件地認同一種社會模式與拒絕承認
社會中的「陰暗面」才是這種蘇式媚俗的實
質所在。一生都在反對媚俗的薩賓娜當然不
能接受這類解釋。她「只要一想到蘇式媚俗
的世界即將成為現實，就感到背上一陣發
麻。她毫無猶豫地願意選擇當局統治下那種
受迫害和受宰割的現實生活，這種現實生活
還是能過下去的。如果在那種理想式的現實
世界裡，那些白癡們咧嘴傻笑的世界裡，她
將無話可說，一個星期之內就會被嚇死。」
　　Kitsch是19世紀產生於德國的一個詞，
但它的涵義已逐漸發生了變化。今天，在法

國，僅僅意味著某種美學風格，低劣的藝
術。但是，它的實質性意義遠遠不止於此。
昆德拉指出，媚俗「是一種由某種對世界的
看法所支撐的美學，這幾乎是一種哲學。這
是知識之外的美，是美化事物、取悅於人的
意願，是完全的因循守舊。」[26]昆德拉完全
同意前人把媚俗精神的起源追溯到德國浪漫
主義的觀點，同時他認為，這種媚俗精神不
僅一直延續到瓦格納（Richard Wagner），而
且延續到柴可夫斯基（Tchaikovsky）。這是
「一種要引起激動，並且得以成功且有效的音
樂，但是，非常傳統，是某種藝術上的煽
情。」[27]

　　昆德拉還認為，雖然專制國家發展了媚
俗，因為這些國家不能容忍個人主義、懷疑
主義和嘲笑，但是，這種媚俗的蠱惑既存在
於東方，也存在於西方，例如，在美國的選
舉運動中，這種媚俗性被政治派別當作媒介
物。

　　在《生命中不能承受之輕》中，昆德拉

既寫了東方的蘇式媚俗，也寫了西方民主式
的媚俗。兩種媚俗，都表現出典型的樣板。
兩種樣板都透過薩賓娜的目光和感受揭示出
來。

我們知道，薩賓娜之所以愛托馬斯，是
因為他不願媚俗，而她之所以一再反叛，甚
至於「背叛自己的背叛」，除了背景性的「存
在之輕」外，最根本的原因，也在於她忍受
不了媚俗。她對國家當局最初的反感，與其
說是道德性的，不如說是美學性的。而美學
性的反感又不是因為當局醜陋（比如說把城
堡變成牛欄），而是因為當局企圖戴上美的假
面具，就是說，是因為當局媚俗作態。

作為一個媚俗的蘇式東方樣板，薩賓娜
還記得當局組織的「五一」慶典遊行。那是
一個「人們依然有熱情或依然盡力裝出熱情
的年代」，女人們穿上各色裙子，遊行者在小
型銅管樂隊的伴奏下齊步前進，兩邊陽臺上
或窗子前觀看的老百姓亮出各種五角星、紅
心、印刷字體。「當某個群體接近檢閱台

時，即使是最厭世的面孔上也要現出令人迷
惑不解的微笑，似乎極力證明他們極其歡
欣，更準確地說，是他們完全認同。不僅僅
是認同當局的政治，不，更是對生命存在的
認同。」[28]

　　十年以後，薩賓娜在美國，又從她的美
國議員朋友那兒看到了西式的、但卻是同樣
的媚俗。這位朋友用大轎車帶她去兜風，指
著寬闊的草地上奔跑的孩子說：「瞧，這就
是我所說的幸福。」

　　薩賓娜感到，在議員朋友的這句話裡，
「不僅有看著孩子奔跑和綠草生長的歡欣，還
有對一個來自共產黨國家的難民的深深瞭
解。參議員深信，在那個國家裡是不會有綠
草生長和孩子奔跑的。」薩賓娜立刻感到，
這位參議員臉上的微笑與布拉格檢閱台上的
當權者的微笑是一樣的，因為參議員的結論
只是出於他的情感。心靈與大腦的意見不合
是經常的，「而在媚俗作態的王國裡，心靈
的專政是最高的統治。」

　　最爲典型的西式媚俗，還是昆德拉在
《生命中不能承受之輕》中描述和思考的「偉
大的進軍」。昆德拉以伏爾泰式的手法，描述
了弗蘭茨與五十多名歐洲知識分子一起所做
的誇張而滑稽的「進軍」。一夥來自美、英、
法、瑞士和其他地區的演員、知識分子，在
攝像機和閃光燈的追隨下來到柬埔寨邊境，
以迫使越南占領軍接受人道主義的醫療考
察。熱戀著薩賓娜的弗蘭茨作爲一名瑞士學
者，像天眞漢一樣，參加了這一歐洲左翼的
長征：由美國的電影女明星率領，一大群攝
影記者助陣，浩浩蕩蕩地撲向越南占領軍。
這夥來自不同國家的名人們相互爭奪著表演
主角的位置，一路爭吵來到柬埔寨。法國語
言學女教授指責美國女明星太過出風頭，她
抓住美國女演員的手，說：「這是一支醫生
的隊伍，來給那些垂危的柬埔寨人治病，不
是爲電影明星捧場的驚險表演！」，而女演員
則回敬說：「我參加過一百次這樣的遊行
了，沒有明星，你們哪裡也去不了！這是我

們的工作，我們道義的職責！」但女演員還是敵不過語言學教授最粗鄙的謾罵（她罵人的話恰好是 "Merde"，就是法語的「糞便」），因而放聲大哭。這時，最妙的是其他人的表現：「『請別動！』一位攝像師大叫，在她腳邊跪倒。女演員對他的鏡頭留下一個長長的回望，淚珠從臉上滾下來。……」

　　小說出版以後，當有人問起這這段描寫向柬埔寨進軍的插曲時，昆德拉公開說他所寫的正是那種相信歷史只是巨大進步、只是沒完沒了的進軍的「左派媚俗」。透過這段描寫，他嘲笑了「希望只按它的方式來造就世界歷史」的歐洲式思想和「歐洲中心主義」的幻覺。昆德拉說：「今天的歐洲從各方面被包圍著，世界的歷史在沒有歐洲，甚至排除歐洲的情況形成。歐洲左翼的一切幻想都已破滅，對柬埔寨的進軍就是這一事實富有嘲弄意味的表現。西方的媒介和廣告機器把每種行為，無論它多麼勇敢，都變成了，變成了Kitsch，另一方面，這類演出達到其最

終的悖論：不再有向前逃遁的可能，再也沒
有進步，只有一條充滿敵意的邊境，它將緊
緊地，靜悄悄地關閉著。」29

註釋

1. 參見海德格《存在與時間》。

2. 米蘭·昆德拉《關於小說的對話》，《小說的智慧——認識米蘭·昆德拉》，第29頁。

3. 米蘭·昆德拉《關於小說的對話》，《小說的智慧——認識米蘭·昆德拉》，第29頁。

4. 米蘭·昆德拉在1985年獲耶路撒冷文學獎典禮上的講話，見《生命中不能承受之輕》中譯本序：《人們——思索，上帝就發笑》。

5. 《生命中不能承受之輕》，《靈與肉》第二。

6. 米蘭·昆德拉《貶值了的塞萬提斯的遺產》，《小說的智慧——認識米蘭·昆德拉》，第11-12頁。

7. 米蘭·昆德拉《貶值了的塞萬提斯的遺產》，《小說的智慧——認識米蘭·昆德拉》，第12頁。

8. 周國平《探究存在之謎——〈小說的藝術〉讀

後》，《讀書》（1993.3）。

9.米蘭·昆德拉《貶值了的塞萬提斯的遺產》，
《小說的智慧——認識米蘭·昆德拉》，第13
頁。

10.恩格斯《致瑪格麗特·哈克奈斯》，《馬克思
恩格斯全集》大陸中文版，第37卷第42頁。

11.米蘭·昆德拉《耶路撒冷致辭：小說與歐
洲》，《小說的智慧——認識米蘭·昆德拉》，
第121頁。

12.米蘭·昆德拉《貶值了的塞萬提斯的遺產》，
《小說的智慧——認識米蘭·昆德拉》，第15
頁。

13.米蘭·昆德拉《貶值了的塞萬提斯的遺產》，
《小說的智慧——認識米蘭·昆德拉》，第22
頁。

14.米蘭·昆德拉《關於小說藝術的對話》，《小
說的智慧——認識米蘭·昆德拉》，第33頁。

15.同上，第38頁。

16.米蘭·昆德拉《關於結構藝術的對話》，《小
說的智慧——認識米蘭·昆德拉》，第60頁。

17.李歐梵：《世界文學的兩個見證：南美和東
歐文學對中國現代文學的啓發》，《外國文學
研究》（1985.4）。

18.李平、楊啓甯《米蘭·昆德拉：錯位人生》，
第150頁。

19.《米蘭·昆德拉訪談錄》，《對話的靈光》，
第507頁。

20.原譯爲薩皮娜，此從習慣改動，下同。

21.《米蘭·昆德拉訪談錄》，《對話的靈光》，
第507頁。

22.《米蘭·昆德拉訪談錄》，《對話的靈光》，
第508頁。

23.《生命中不能承受之輕·偉大的進軍》。

24.這裡，「上帝的兒子」是一個帶有隱喻的說
法。它既指史達林的兒子，因爲昆德拉認爲
他的父親被尊崇得如同上帝，同時又有神學
的指涉。

25.《生命中不能承受之輕·偉大的進軍》，下
同。

26.《米蘭·昆德拉訪談錄》，《對話的靈光》，

第508頁。

27.《米蘭‧昆德拉訪談錄》，《對話的靈光》，
第509頁。

28.《生命中不能承受之輕‧偉大的進軍》，下
同。

29.《米蘭‧昆德拉訪談錄》，《對話的靈光》，
第510頁。

第四章
「媚俗」與傳媒文化

　　在昆德拉的創作思想中，「媚俗」這個
概念具有十分重要的獨創意義。Kitsch 這個
源出於德文的詞，現已爲世界許多文字所吸
收，並成爲中歐地區的一個常用詞。它本來
只是一個藝術批評的概念，原指矯揉造作或
缺少獨創的文藝作品。後以引伸，用來指未
能視藝術爲一個自主領域的有害原則。到了
昆德拉這裡，Kitsch 不僅是一個簡單的藝術
範疇，它同時是一種世界觀，一種廣義的美
學態度。昆德拉把一個文體上的概念擴展爲
一個存在論概念，用以分析生命存在的基本
問題，運用到從個人感情、人生態度到政治
領域等十分廣泛的領域，深刻而獨到，產生
了令人驚奇的效果。其對問題入木三分的透
視，是以往任何單純的美學分析和意識形態
分析所未能達到的。

　　在中國大陸，Kitsch 一詞經作家韓少功
先生首次譯爲「媚俗」，並得到了廣泛的認
可。不過如果我們要深入瞭解這一概念的
話，就應該注意，對這個翻譯詞不要過於望

文生義。因為這個概念的鋒芒所向，並不僅僅是大眾的低俗，更不是通俗，而是一切被「媚」的東西。所以它當然也包含「媚高深」、「媚高雅」之義。我們看到，已經有研究者指出，韓譯雖然美，Kitsch這個詞的涵義中重要的不是「俗」，而是蠱惑性的虛假。西方一位評論家把它定義為「故作多情的群體謊言（a sentimental group lie）」，似更準確。[1]

　　在昆德拉的思想中，媚俗這一「故作多情的群體謊言」在現代社會的盛行，離不開大眾傳媒的推波助瀾。在昆德拉的大量言論中，有時會給人這樣一種印象：大眾傳媒與媚俗根本就是現代社會中的一對孿生兄弟。由於我們正處在媚俗和傳媒文化正方興未艾的時代，昆德拉對媚俗的批判和對大眾傳媒的批判理所當然地產生了十分深刻而廣泛的影響。

　　因此，深入分析昆德拉關於媚俗和大眾傳媒關係的思想，不僅是我們瞭解昆德拉的

需要，也是我們瞭解自己的生存處境的需要。

一、大眾傳媒的威脅

　　我們已經知道了昆德拉堅持的小說藝術的立場，明白了他以「小說的智慧」抗拒「存在的被遺忘」的苦心。然而，與大眾傳媒互爲支援的媚俗，對這樣的小說和小說智慧卻是一種致使的威脅。

　　大眾傳媒構成了當代人類基本的生存環境，敏感的昆德拉不能不對大眾傳媒的威脅深感憂慮。我們看到，每當他批判媚俗的時候，都會落實到對大眾傳媒的批判。

　　昆德拉認爲，我們都被大眾傳播媒介的巨大影響打上了印記，這對文化是一種巨大的威脅。他完全造成「文化的聲音會在新聞的吵雜聲中消失」的論斷。他說：

> 大眾傳媒的精神是與現代歐洲所認識的
> 那種文化的精神相背的：文化建立在個
> 人基礎上，傳播媒介則導致統一性；文
> 化闡明事物的複雜性，傳播媒介則把事
> 物簡單化；文化只是一個長長的疑問，
> 傳播媒介則對一切都有一個迅速的答
> 覆；文化是記憶的守衛，傳播媒介是新
> 聞的獵人。[2]

大眾傳媒按照新聞市場的原則來組織和傳播資訊，就像資本家追求巨大的利潤一樣，傳媒追求市場的轟動，這不是編輯、記者或節目主持人的個性所決定的，而是大眾傳媒的生存法則決定的。問題在於，當傳媒按這一法則運轉的時候，他們同時也把必須透過傳媒來流通的文化產品按照自己的法則進行了篩選和改造。而所謂的「轟動」，即大眾的強烈關注，正是傳媒運行的一大法則。

創造性的文化價值並不能用「轟動」來衡量，而大眾傳媒按照自己的法則，必然用

「轟動」來衡量文化的價值。對此，昆德拉是
有充分的認識的。他說，「今天，如果要使
某位小說家高興，就對他說：「您的書，可
是個轟動。」但是，什麼是轟動呢？如此重
要的新聞，吸引了傳播媒介的注意力而已。」
昆德拉堅持認為，小說藝術家寫出小說並不
是為了製造轟動，而是為了做某件「持續性」
的事。但是，在現在這個如此專注於新聞的
世界裡，持續性的東西是很難存在的。報
紙、雜誌不可能發表一篇不緊扣時尚的文
章，最好與某條新聞緊緊相扣。新聞記者採
訪一位作家，往往是因為這位作家的書將在
或已在近期問世。熱潮一過，他就不再是
「新聞人物」，他已經沒有新聞價值了，他在
新聞之外，因此理所當然地不會被媒介關
注，他的重要性就此消失。這樣，文化的價
值被「轟動」衡量，文化的生產和流通被
「新聞」調節和控制，傳媒以新聞的法則控制
了文化、控制了當代人的生活。

　　昆德拉指出：「被新聞控制，便是被遺

忘控制。」這種控制製造了一個「遺忘的系
統」，「在這系統中，文化的連續性轉變成一
系列瞬息即逝、各自分離的事件，有如持械
搶劫或橄欖球比賽。」[3]

我們處在一個大眾傳媒無處不在的時
代，傳媒構成了我們的基本生存環境。而昆
德拉對大眾傳媒的完全的否定，在一定程度
上就是對現代生活的否定。難怪有人認為，
昆德拉就像他在《生命中不能承受之輕》中
塑造的人物一樣，是很悲觀的。

不過，昆德拉並不認同把他視為「悲觀
主義者」的觀點。按照昆德拉的邏輯，小說
家的天職就是發現和提出問題，在小說的智
慧裡，一切都是不確定的，都是應該被探問
的，而不是肯定的。即使是小說家筆下的人
物，也只是一種虛構，一種相對的真實。小
說家在虛構的故事裡詢問世界。他說：「人
的愚蠢就在於有問必答。小說的智慧則在於
對一切提出問題。當唐吉訶德離家去闖世界
時，世界在他眼前變成了成堆的問題。這是

塞萬提斯留給他的繼承者們的啓示：小說家
教他的讀者把世界當作問題來瞭解。在一個
建基於神聖不可侵犯的世界裡，小說便殘廢
了。或者，小說被迫成爲這些確定性的說
明，這是對小說精神的背叛，是對塞萬提斯
的背叛。極權的世界，不管它建立在什麼基
礎上，就是什麼都有了答案的世界，而不是
提出疑問的世界。」因此，昆德拉非常明白
地宣稱：「我既不是悲觀主義者，也不是樂
觀主義者。我所說的一切都是假設的。我是
小說家，而小說不喜歡太肯定的態度。」

　　不過，儘管昆德拉宣稱他自己既不悲
觀，也不樂觀，但他「詢問」當前我們這樣
一個被大衆傳媒統治的世界所得到的印象卻
還是籠罩著一片深深的憂慮。他以極其沈重
的語調說：

　　「完全被大衆媒介精神抹黑的世界，
唉，也是答案的世界，而不是疑問的世界，
在這樣的世界裡，小說，塞萬提斯的遺產，
很可能會不再有它的位置。」

　　大眾傳媒「抹黑」了世界，疑問的世界
沒有了，他鍾愛的塞萬提斯再也不會有他的
位置。這就是昆德拉爲我們畫出的未來前
景。當然，我們可以把它理解爲一個小說智
慧裡的「可能世界」，一個敏感的小說家對我
們生存可能性的嚴肅而尖銳的探問吧。我們
可以不同意他的意見，但他的意見卻值得我
們沈思和警覺。

二、「文化已經鞠躬告退」
　　　了嗎？

　　1984年4月26日，昆德拉在《紐約時報
書評》上發表了一篇題爲《中歐的悲劇》的
文章，提出了一個令人震驚的觀點：「文化
已經鞠躬告退」。
　　由於昆德拉的這一觀點與他對大眾傳媒
文化的一貫的否定態度相關，因此我們不能

簡單地把它視為一個作家一時的激憤之語。

在後來的一次訪談中談及這一觀點時，昆德拉對自己的觀點又進一步地作了說明。

昆德拉說，他講「文化已經鞠躬告退」，並不是想一概否定當代作家、藝術家、思想家和作曲家的重大成就。他說：

> 我本人也從事寫作和創造，我不想妄自菲薄我所做的事情的價值。文化有沒有鞠躬告退？我的意思並非說已不再有任何藝術家，而是說他們的聲音愈來愈難以聽到了。我們聽到他們的聲音少了。他們在生活中起的作用小了。換言之，文學的分量，文化的分量已經不大。[4]

這裡，昆德拉講的是價值形態的文化在人們精神生活當中的作用問題。昆德拉認為，從現代開始，也就是說從塞萬提斯和笛卡耳開始，當歐洲的宗教已不再起價值整合的作用時，由世俗文化藝術品所體現的精神文化價值便填補了宗教讓出的空位，歐洲仍

然是一個精神統一體。我們知道，歐洲文藝
復興的實質，正是以人文價值代替宗教價
值，這在人類的文化發展中，似乎是一種具
有普遍規律性的趨勢。在中國，文化的世俗
化過程大約在三千年前就已經由孔子為代表
的儒家完成了。而20世紀初，蔡元培先生提
出「以宗教代美育」的學說，實際上是在價
值形態領域捍衛了中國的這一人文傳統。蔡
元培先生的觀點所針對的雖然是一些人引進
西方宗教的主張，但他關於宗教的問題已經
可以由科學和美學來分別加以解決的思想，
實際上是從學理上論證了現代思想中精神價
值形態，即昆德拉所說的「文化」，在人類精
神追求、價值導向中的主導性地位。

　　無論是昆德拉還是蔡元培，他們所謂的
「文化」，實際上是指一種菁英主義的「高雅
文化」。這種文化在藉助世俗的力量衝垮了
「神本主義」的統治之後，自己就理所當然地
居於精神統治的地位，主導著人的精神生
活，規範著人的價值導向。

　　問題在於，這種高雅的、菁英式的「文化」主宰地位，是否是永恒的？是否應當是永恒的？

　　昆德拉的「文化已經鞠躬告退」這一命題，向人們揭示的，正是這種文化的這種功能正在走向終結，它主宰人的價值導向的作用正在走向終結。與這一終結過程相伴隨的，是大眾傳媒文化的興起。

　　每一個當代的文化人都目睹了這一過程，親歷親證著這一過程。很多人爲此痛心疾首，另一些人爲此大聲疾呼，但一般都不會認同這是「文化」的歷史性「告退」，而寧可認爲這是一種暫時的「滑坡」，一種前進過程的曲折。

　　同所有的文化人一樣，昆德拉也是吃著高雅文化的乳汁長大的，也一樣一往情深地愛著文化，尤其是歐洲的菁英文化。所不同的是，他以自己特有的探究到底的思維習慣，把問題提到了一個歷史的高度，因而顯得格外尖銳。他並不因爲自己是文化人，自

己喜愛文化，就迴避一個他看到的、或他自
以爲看到的事實。在這點上，我們不得不佩
服昆德拉理性的勇氣。

　　昆德拉說，他自己並不是預言家，他只
滿足於提出問題，提出假設。「也許我錯
了，如果我錯了，那更好。如果我的推測不
正確，我將頭一個爲此欣喜。未來是個問
號。」[5]

　　如果我們同意未來是一個需要探究的問
號，而不是一切都已經清楚明白的句號或感
歎號，那麼，我們就不會把昆德拉的文化告
退論簡單地歸於一種感傷的小說家駭人聽聞
的悲觀論調。昆德拉雖然沒有像未來學家托
夫勒（Alvin Toffler）那樣進行資料和資料的
統計研究，但他卻能「一葉落而知秋」，以小
說家特有的洞察力，從一些點滴的細節中直
觀到某種深刻的眞實。他提出的現象，同樣
是值得重視的。

　　據昆德拉講，他在法國雷恩大學任教
時，不喜歡對學生進行考試，因爲他覺得考

察學生可能已經會的東西是可笑的。他寧可
不對學生進行一般的考試而是做一個調查以
自娛。昆德拉曾經提出的一些問題是：

　　你喜歡的當代畫家是誰？

　　你喜歡的當代作曲家是誰？哲學家呢？

　　調查的結果讓昆德拉吃驚。昆德拉所教
的那一班學生共40名，其中絕大多數，有38
名或者39名學生不僅不欽佩任何當代法國畫
家，甚至連一個法國當代畫家也不知道。尤
其值得注意的是，這些學生還是學文學的。
對於當代作曲家，他們也一無所知。非常有
趣的是，他們知道的哲學家也只是在電視上
看到過的。昆德拉說：「這簡直不可思議！
20年前，同樣的問題你即使問一個裁縫，或
一個商人，或你附近食品店的老闆，他也會
回答說：嗨，我當然知道畢卡索，我知道馬
蒂斯。有一個時期畢卡索也是被看作難懂的
畫家；他不是一個爲普通人作畫的畫家，但
我們在他的畫中看到了自己，儘管我們並不
總是同意或瞭解他。他曾經在這裡，他在

場。而當代繪畫卻已不再在場，不再無所不
在了。」[6]

　　這種現象的嚴重性和普遍性，人們是無
法否認的。不過人們還是願意從好處著想。
人們寧可猜測，也許歷史只是歇下來暫時喘
口氣。畢竟薩特爾（Jean Paul Sartre）、海德
格這樣的大師去世還不太久。因此，人們有
理由相信，哲學史也許正處在一個間歇階
段，正醞釀著下一階段的輝煌。

　　對昆德拉的「文化告退論」，人們最容
易想到的反駁就是：如果文化真像昆德拉所
猜測的那樣已在鞠躬告退，那麼從理論上
講，昆德拉自己的小說，就不會成千上萬冊
銷售出去，也不會被譯成二十多種文字在世
界各地發行。中國人、美國人、土耳其人、
希臘人、日本人、以色列人都要拜讀昆德拉
的作品，並不能認為這只是傳媒炒作的結
果，因為昆德拉的小說銷路好，並不僅僅是
宣傳的結果。這本身就是文化興盛的一個證
據。

　　針對這種看法，昆德拉指出：一本書銷路好不好並不十分重要。數以百計寫得非常糟糕的書，其銷路比昆德拉的小說要好上幾百倍。儘管這些書非常暢銷，但暢銷書的作用只是一種即時性的消費，昆德拉稱之為「時事」性的作用。它們消費得快，銷售的數量大，同時被遺忘得也很快，它們必然會很快讓位給另一件「時事」。因此，昆德拉關心的不是他的小說的銷售量問題，而是他的小說是作為藝術品還是作為時事為人們所閱讀？如果是作為藝術品，那麼它就注定是持久的，是支援著文化繼續發展的；如果是「時事」，則意味著很快被人們遺忘。

　　不言而喻的答案是，在世界性的「昆德拉熱」中，昆德拉的小說既作為藝術品被閱讀，也不可避免地作為「時事」被閱讀。

　　然而，昆德拉自己的估計卻要保守得多。昆德拉有一個基本的估計，他認為，在我們這樣一個大眾傳媒的世界裡，即使是藝術品，也會被「時事」化。而如果藝術被大

眾傳媒組合成了傳媒文化的一部分，那麼，真正的藝術存在的基礎也就喪失了。這就意味著，藝術品被藝術地對待的可能性已經喪失了。昆德拉問道：

> 在我們這個現代世界、這大眾媒介的世界裡，一件藝術品能作為藝術品存在嗎？有一次，我突然聽到了我喜愛的勃拉姆斯一部交響樂中的幾小節樂曲。我轉頭一看，原來電視上正用這幾節樂曲為一種香水做廣告。於是有人會振振有辭地說：瞧，古典音樂在今天多麼有活力，多麼運氣！多謝現代廣告，連最普通的老百姓也能享受勃拉姆斯的音樂了！但是，用作廣告的勃拉姆斯的片斷樂曲有沒有表現出這位作曲家的不朽生命或他的死亡呢？[7]

可見，要證明當代文化的創造性成就，是一個較爲複雜的問題，而絕不能簡單化地用市場銷售量來代替這種證明。傳統藝術的

「閱讀」同傳統的創作一樣，是一個有固定內涵、固定方式的創造性過程，這種閱讀與大眾傳媒條件下的速食式閱讀是本質不同的，這就像人們聆聽作爲音樂藝術的勃拉姆斯與人們聽三小節用作電視廣告伴奏的勃拉姆斯的音樂大不一樣是一個道理。在昆德拉看來，這種閱讀方式的改變，實質上就是文化本身被侵擾、被擠占的一種表現。假如我們要說這是只是文化文本形態和消費形態發生了改變，昆德拉一定是不會同意的，因爲他堅持認爲，文化只能以固有的形態存在、只能以固定的方式消費，如果不按傳統的方式去消費文化產品，文化就沒有了。

顯然，目前文化產品形態的改變和消費形態的改變，直接導源於大眾傳媒的高度發達。以現代高科技爲背景的大眾傳媒體系無孔不入地侵入了人們的生活，改變著人們的生活。就其好的一面講，它給我們帶來了豐富多彩的資訊資源，使我們在一定程度上實現了「足不出戶而知天下事」的夢想，使人

與人之間的交流得到了前所未有的加強。從壞的一面講，它又使我們陷入大眾媒介之網而無力自拔，使我們與眞實生活之間的直接被割裂，而生活在一個虛擬的媒介世界中，人與人之間的交流成了一種鏡頭前的表演，生命存在彷彿被連根拔起，變得漂忽無依。而昆德拉所最爲擔心的，是大眾傳媒的淺薄，正在對高雅文化形成致使的衝擊。昆德拉甚至說，「在一個徹底被大眾媒介的愚蠢所侵擾的世界」裡，人們需要尋找一種抗衡力，尋找一種保護，「以免文化的重要地位日漸削弱」。不過，當昆德拉把「傳媒」與「文化」作爲勢不兩立對峙的兩軍來看待的時候，他也看到了大眾傳媒有益於文化傳播和接受的事實。這使昆德拉感到非常困惑：「頗爲荒謬的是，大眾媒介的毒害卻有可能使藝術和語言學更具吸引力。我不知道。」[8]

　　昆德拉對大眾傳媒評價偏低，包括他對大眾傳媒介常常流露出的失望、甚至反感，與他自己的小說在西方傳媒中的遭遇有關。

昆德拉的小說最初在西方紅起來，顯然離不
開媒體的宣傳，而西方媒體最初之所以熱衷
於宣傳昆德拉，並不是因為昆德拉自己所看
重的小說智慧方面的獨創性貢獻，而是他的
小說看作對蘇聯霸權主義的攻擊。於是，一
向以獨立思考、反對媚俗自居昆德拉就被當
成了冷戰的工具而受到追捧，而昆德拉對此
卻無可奈何。這種經歷，增加了昆德拉對大
眾傳媒的反感。他說：

> 我的小說最初是被難以想像的最陳腐的
> 方式接受的。我的作品大多被視為反蘇
> 聯政權的文學。這純粹是新聞界的解
> 釋。新聞界的思想除卻想得快，想得陳
> 腐還有什麼呢？大眾媒介起初的歡迎證
> 明是一種詛咒。[9]

昆德拉一直認為自己是超越政治、超越
政治媚俗的思想家、藝術家，但許多西方人
卻把他定位於一個「持不同政見者」，在冷戰
較為激烈的時期，這種定位占了傳媒宣傳的

主流，也是理所當然的。當冷戰結束，昆德拉藝術的一面也在大眾傳媒中突顯出來了，這也是理所當然的。大眾傳媒並不爲「純藝術」而存在，更不爲某個藝術家而存在，它們只是服務於公眾，是「大眾」的資訊工具。

更何況，昆德拉與他的祖國當局者「政見不同」，這也是不否認的事實，傳媒並沒有無中生有地陷害昆德拉。刀是用來切菜的，但往往也會傷了人的指頭。一個被菜刀傷過指頭的人對菜刀有感情上的偏見，是完全可以理解的。

不過，昆德拉提出的大眾傳媒問題仍然不失其尖銳性，仍然不乏值得我們深思的直覺和洞見。

而是把眼睛盯著市場，揣摩和迎合大眾心
理，用廣告手段提高知名度，熱衷於擠進影
星、歌星、體育明星的行列，和他們一起成
爲電視和小報上的新聞人物。如同昆德拉所
說，小說不再是作品，而成了一種動作，一
個沒有未來的當下事件。他建議比自己的作
品聰明的小說家改行，事實上他們已經改行
了——他們如今是電視製片人，文化經紀
人，大腕，款爺。」這篇文章幾乎毫無保留
地肯定了昆德拉對大眾傳媒的批判和對以傳
媒文化爲特徵的當代精神的批判，以讚賞的
口吻說：「正是面對他稱之爲「媚俗」的時
代精神，昆德拉興起了他的唐吉訶德之劍，
要用小說來對抗世界性的平庸化潮流，喚回
被遺忘的存在的記憶。」[10]

　　在現實生活中，眞實的唐吉訶德必然是
無法生活的，這不取決於我們的主觀意願，
而取決於客觀的生存法則。不過，精神上的
唐吉訶德卻仍然有其存在的價值，值得加以
保護。但是，如果我們沿著這一邏輯多走一

步，把一切非唐吉訶德的東西都斥爲平庸而
反對之，把一切文化形態和文本樣態在現代
技術條件下的變化都視爲文化本身的「縮
減」，甚至認定當代人已經離不開大眾傳媒只
是代表一種「嘩眾取寵精神」，我們也許就會
走向自己的反面，由反對「媚俗」，而走向一
種以反媚俗姿態出現的新「媚俗」了。

中國古代哲人有一個十分重要的思想，
叫做「道不遠人」。一切偉人的人類文化形式
都應該與大眾的日常人倫保持其本有的親和
關係。古今重要的文化復興，都是以回歸文
化本身的平民姿態爲重要內容的。包括昆德
拉十分鍾情的歐洲現代小說遺產在內的現代
文化思潮，同樣是在文化的平民化、民主化
道路上把文化從少數精神貴族的特權中解放
出來，而使之大放異彩的。而傳統文化的衛
道士和文化特權的捍衛者又總會以「鄙裡淺
陋」之類的理由來攻擊新文化。這對享受著
現代文化成果的當代文化人來說，本來是一
個人所共知的常識。

　　然而，我們非常遺憾地看到，在對大衆傳媒文化的批判中，始終存在著一種鄙視大衆文化趣味的精神貴族話語，即所謂「菁英」話語。在這種菁英話語中，文化不是要爲大衆服務，而是要向文化頂禮膜拜。

　　正如有的學者指出的那樣，昆德拉譴責媚俗時，他主要還不是指那種製造大衆文化消費品的通俗暢銷作家，而是指一些響噹噹的現代派，是「那些形式上追求現代主義的作品的媚俗精神」。可見，昆德拉所指頭的「媚俗」現象，其重點的確不在「俗」字上，而是一種無條件認同，一種缺乏反思的無精神狀態。據此瞭解，我在文化界、知識界看到的，除了「媚俗」而外，更大量存在著「媚高深」、「媚高雅」、「媚古」、「媚洋」，它們作爲「媚俗」的變種，同樣令人噁心，同樣有害於文化的創造。

　　而且，正是在這些媚俗的變種中，大衆傳媒文化的革命性意義被有意無意地視而不見了。包括昆德拉和所有能夠讓人們瞭解他

們高見的知名或不知名的作家、學者們，他
們反對大眾傳媒的聲音，都是透過大眾傳媒
而告知於世的。沒有了大眾傳媒，也就沒有
了他們反對大眾傳媒的聲音。是大眾傳媒傳
播出了他們反對大眾傳媒的聲音，從而製造
了反對大眾傳媒的他們。僅此一點，就足以
證明大眾傳媒也有像地母一樣的偉大包容
性。

　　大眾傳媒是有別於傳播的特權化而存在
的。大眾傳媒的「偏平」式特徵，對於特權
傳媒的金字塔式傳播來說，具備了更大的文
化創造空間。尤其重要的是，這種創造空間
的實現，將透過文化的平民化、甚至一定程
度上的「淺薄化」才有可能。

　　正如大眾傳媒本身就是一種文化一樣，
反對「媚俗」本身也有成為一種「媚俗」的
可能。在這個問題上，我們必須還要多一點
昆德拉所提倡的「複雜精神」。

　　有趣的是，在《生命中不能承受之輕》
中，「媚俗」與對媚俗的反叛，已經顯示了

是因為她看出了弗蘭茨是媚俗的代表。薩賓娜一生以反叛生命主調，一生都以媚俗為敵，但她自己並不因此就與媚俗絕緣。對此，昆德拉已經有過明確的追問：「她一生都宣稱媚俗是死敵，但實際上她難道就不曾有過媚俗嗎？她的媚俗是關於家庭的幻象……每當看到幸福家庭的窗口向迷朦暮色投照出光輝，她就不止一次地流出淚水。」[12]如果沿此方向更深地追問下去，我們就能找到背叛與媚俗之間的共謀關係。

那麼弗蘭茨呢？他愛薩賓娜也恰恰因為聰明的他看出了薩賓娜的背叛，他看中了她的個性，即一生宣稱以媚俗為敵。因此，他才愛在遠方注視著薩賓娜更甚於與自己實際相處的薩賓娜。「他總是喜歡非現實勝於現實，如同他感到去參加遊行示威比給滿堂學生上課更好（我已經指出，前者不過是表演與夢想。）看不見的女神薩賓娜，比陪他周遊世界和他總怕失去的薩賓娜更能使他幸福。她給了他萬萬想不到的男子漢自立的自

由，這種自由成為了他誘人的光環。他在女人心目中變得更有魅力，甚至他的一個學生也愛上了他。」

十分明顯，弗蘭茨與薩賓娜之間的關係，是一場媚俗者與反對媚俗者的私通。[13] 媚俗與反對媚俗者，本來就是相反相成，薩賓娜與弗蘭茨正是在這一點上相互需要。不要忘記，媚俗是人類境況的一個組成部分，它「起源於無條件地認同生命存在。」每當我們陷入這種無條件的認同的時候，我們就陷入了媚俗。

無論是現代主義思潮，還是後現代思潮，無論是對全球化的反思，還是對大眾傳媒的批判，當它們作為某種「反叛」而崛起時，其生命一定在於真誠，在於以一個源自生命存在的真實問題之刀劃破舞臺的背景。而當它們作為一種時髦，作為一種出自既定立場、特定姿式的「表態」和權威「真理」的發揮，它們所要領受的顯然就不是冷落，而是喝采。於是，真誠便蛻變為空虛、花俏

錄》，楊樂雲 譯，《對話的靈光》，第482頁。

8.同上。

9.同上，第482-483頁。

10.周國平《探究存在之謎——〈小說的藝術〉讀後》，《讀書》（1993.3）。

11.《生命中不能承受之輕》第三章：《誤解的詞》。

12.同上。

13.參見《米蘭·昆德拉：錯位人生》，第158頁。

結語